HISTOIRE

DE

L'INSURRECTION DES ESCLAVES

DANS

LE NORD DE SAINT-DOMINGUE.

OUVRAGES NOUVEAUX

Qui se trouvent chez les mêmes Libraires :

Le Post-scriptum, 1.er et 2.e numéro, chaque numéro. 1 fr.

Frédéric, ou les fripons triompheront-ils. 2 volumes in-12. 4 fr.

Hélène, par Madame Hofland, auteur de Ludovico et de plusieurs ouvrages pour la jeunesse, trad. de l'anglais. 1 vol. in-12, avec 2 figures. 2 fr. 50 c.

Encore un Concordat : Notes rapides sur les articles d'une loi proposée pour l'enregistrement et la publication d'un nouveau concordat, par le général *Jubé*, seconde édition. in-8. 1 fr. 50 c.

Tableau descriptif, moral, philosophique et critique de Londres en 1816, par MM. All Ears et All Lyes. 2 vol. in-8. 10 fr.

Considérations sur l'existence civile et politique des Israélites; 8.e édition. in-8.° 2 fr.

Mémoire dans lequel on prouve que toute métaphysique est impossible, etc. par M. Virard. in-8.° 1 fr.

Réflexions sur les paysages exposés au Salon de 1817, par M. A. D. in-8.° 1 fr.

Opuscule poétique dédié à mon ami, par Jean-Baptiste Claray. in-8.° 1 fr.

Chansons de Casimir Ménestrier, convive des soupers de Momus. 1 vol. in-18, avec figures et culs de lampes gravés par Couché fils, d'après les dessins de Chapelas.

HISTOIRE
DE L'INSURRECTION
DES ESCLAVES
DANS
LE NORD DE SAINT-DOMINGUE.

Par ANTOINE MÉTRAL.

> Plenum exsiliis mare, infecti cædibus scopuli, atrocius in urbe sævitum. TACITE.

PARIS,

CHEZ F. SCHERFF, Libraire et Com.re pour la Suisse, place du Louvre, n.o 12.
REY et GRAVIER, Quai des Augustins, n.o 55.
DELAUNAY, Galerie du Palais-Royal.

ET A GENÈVE,

Chez MANGET et CHERBULIEZ.

1818.

Imprimerie de P. N. Rougeron, Imprimeur de S. A. S. Madame la Duch. Douair. d'Orléans, rue de l'Hirondelle, N.° 22.

PRÉFACE.

Les ouvrages les plus assurés de l'immortalité appartiennent à l'histoire et à la poésie. Presque tous les autres changent, varient ou périssent dans la longue route de l'avenir. Comme la poésie n'est remplie que de fictions plus propres à divertir l'esprit humain, qu'à l'instruire; l'histoire m'a paru plus digne de l'homme, parce qu'elle est l'étude de la vérité et une école de l'expérience. Après avoir employé, avec quelques succès, dans le barreau les jours de ma jeunesse (1), j'ai cru devoir, dans un âge plus mûr, m'appliquer à l'histoire, et de tous les sujets qui se sont offerts à mon esprit, je n'en ai guère trouvé de plus intéressant, ni de plus mémorable

(1) Méjan, *Recueil des Causes Célèbres*, an 1809.

que l'insurrection des esclaves dans le nord de Saint-Domingue.

Aucun écrivain jusqu'à présent n'a donné le ton, les couleurs, l'enchaînement et la dignité de l'histoire à cet événement remarquable, dont j'ai recherché péniblement les détails, soit dans des écrits nombreux et divers, remplis néanmoins de précieux matériaux, soit en interrogeant des vieillards qui ont vu cette époque désastreuse, cause de leur ruine, d'un exil amer et sans retour pour eux, soit en consultant d'anciens et d'illustres capitaines qui n'ont pas manqué d'y signaler leur valeur avec des talens politiques.

J'ai mis principalement mon attention à suivre la vérité à travers les haines, les vengeances, les factions diverses et les intérêts opposés qui, jusqu'à ce jour, ont étouffé le flambeau devant servir de guide dans la recherche des faits ayant rapport à cette histoire. Toutefois, sans un prélat recommandable par des vertus fortes, un caractère aimable, et dont la piété rare et courageuse a bravé la hache des bourreaux, j'aurois abandonné cette entreprise dans laquelle il m'a puissamment secondé, d'autant mieux qu'entraîné par la fécondité du sujet, j'ai écrit la guerre civile de Saint-Domingue depuis 1789 jusqu'en 1804. Je l'ai divisé en sept livres dont celui-ci fait partie, quoiqu'il soit complet et indépendant de sa nature. Les autres seront publiés successivement, et le dernier aura pour objet la malheureuse expédition des Français, sous le consul Bonaparte, à Saint-Domingue, qui devint alors le théâtre d'horribles et infâmes cruautés, et ensuite le tombeau d'une armée composée des plus vaillans soldats du monde.

SOMMAIRE.

Diverses causes de l'insurrection des esclaves dans le nord de Saint-Domingue. Les colons dans une sécurité apparente sont tout à coup menacés de ce malheur inattendu. Partis qui divisent la France et Saint-Domingue. Conspiration que les esclaves trament contre leurs maîtres : discours d'un conjuré. Ils baignent de sang et embrasent la campagne autour du Cap. Ces scènes épouvantables durent et se propagent. De grands crimes et de grandes vertus se mêlent à cette calamité. Stupéfaction des colons. Des esclaves de la ville avoient tramé un conjuration liée à celle du dehors. Infortune de la cité du Cap pleine d'objets de compassion. Les maîtres versent dans la ville le sang des affranchis qu'ils regardent comme coupables de ces fureurs. De quelle manière on met le Cap à l'abri de l'insurrection ; sortie contre les esclaves dont on massacre les prisonniers. Les esclaves plus irrités mettent tout à feu et à sang dans les montagnes. L'assemblée coloniale demande du secours aux peuples voisins, et fait un tableau touchant des maux de l'insurrection. Différence qu'elle met dans la négociation vis-à-vis l'Espagne : réponse qu'elle reçoit. Deux frégates anglaises mouil-

lent au Cap. Félicitations faites par l'assemblée à l'amiral anglais. Lettre qu'elle écrit au ministre Pitt. Stupidité et despotisme de l'assemblée ; elle informe la France des calamités de la colonie. Elle lève des troupes qui dispersent autour de la ville les esclaves et les massacrent. On remplace la guerre par la cruauté. Force d'ame des esclaves dans les supplices. Origine, mœurs, qualités physiques et morales des esclaves. Ils perdoient leur caractère primitif dans l'esclavage. Culte qu'ils ont apporté d'Afrique ; leur manière de faire la guerre. Portraits de Jean-François, chef des insurgés, de Biassou et de Toussaint, ses lieutenans. Jean-François rassemble des forces près de la ville. Il importe de garantir les paroisses qui n'ont pas été ravagées. On oppose aux esclaves Touzard et le marquis de Rouvrai. Portraits de ces deux capitaines. Touzard défait les esclaves sans qu'on lui permette de profiter de la victoire. Rouvrai garantit les paroisses non ravagées. La discorde affoiblit la troupe des colons. Les esclaves profitent de ces dissentions et la battent en détail. L'insurrection est protégée par l'Espagne. On voit un caractère nouveau de raffinement dans la vengeance. Caractère atroce de Jeannot. Rare exemple de tendresse filiale et paternelle. Jean-François punit de mort cet esclave inhumain.

On oppose de nouvelles forces aux insurgés. Ils sont attaqués et repoussés en trois endroits différens. On s'empare de leur principal camp. Quatre-vingt captives sont délivrées au moment d'être égorgées. Deux d'entre elles enlevées par un chef des esclaves passionné d'amour. La garde nationale taille en pièces un corps d'esclaves. Joie de la ville augmentée par la nouvelle qu'on avoit défait les esclaves à Plaisance ; exemple mémorable de chasteté. La guerre se prolonge et devint fatale aux maîtres, dont un grand nombre fut empoisonné dans leur camp. Les esclaves inondent de nouveau la campagne ; extrémité où se trouve la ville. La France retracte l'égalité qu'elle avoit accordée aux affranchis. Discussions à ce sujet à l'assemblée. Opinions de Touzard et de Rouvrai. La haine de l'assemblée demeure inflexible contre les affranchis. Troubles au Cap lors de l'arrivée d'une petite flotte. La France envoie trois délégués avec des troupes. Caractère de ces délégués ; objets affreux qui frappent leurs regards. Ils proclament une amnistie pour les hommes libres ; les esclaves s'en réjouissent et envoyent des députés pour la paix. Entrevue des délégués et du chef des esclaves. L'assemblée rend la paix sans espoir. On désarme inconsidérément les affranchis. Ils arrosent de sang et embrasent les paroisses qu'ils ont défendues. Les maîtres en cet endroit traitent avec eux. L'assemblée refuse de ratifier ce traité. Ils livrent Ouanaminthe par trahison aux esclaves. Des colons sont égorgés au pied des autels. Funérailles lamentables à la suite de ce carnage. Biassou porte l'épouvante dans la ville, les malades de l'hôpital sont massacrés. Cette guerre civile est apaisée par un gouvernement militaire.

HISTOIRE
DE L'INSURRECTION
DES ESCLAVES
DANS
LE NORD DE SAINT-DOMINGUE.

PARMI les causes qui ont amené l'insurrection des esclaves dans le nord de Saint-Domingue, la principale est l'amour de la liberté qui se trouve chez tous les hommes, et pour lequel les bêtes mêmes montrent une si véhémente tendresse, par les efforts qu'elles font avec leurs dents et leurs griffes pour briser leur prison, au point que, dans cet état de captivité, la plupart, d'une nature délicate et fière, refusent de se nourrir ou d'engendrer. Plus la servitude est horrible, plus cet amour de la liberté a de force; ainsi des institutions offrant sur les côtes d'un hémisphère de vastes marchés d'hommes, qu'on mettoit dans un autre sous un esclavage impitoyable, devoient s'écrouler quelque part avec fracas dans un choc violent entre la servitude et la liberté; mais cet événement inévitable pouvoit être retardé pendant des siècles, quoiqu'une autre cause se joignant à ces deux premières eût pu néanmoins en avancer l'époque. Ce fut l'imprudence de transporter chaque année à Saint-Domingue un si grand nombre d'esclaves, qu'ils étoient dix contre un à l'égard de la population des maîtres (1). Ces différentes causes pourtant n'agissoient que sourdement et avec lenteur, et cette servitude auroit eu d'autant plus de durée, qu'elle dépendoit de l'ordre politique de l'Europe, de la stabilité de l'Etat social en France, dont elle faisoit même une partie de la splendeur, lorsque la révolution française vint y mettre un terme d'une manière trop déplorable.

Ce fut au mois d'août de l'année 1791 qu'éclata cette insurrection, qui offrit un de ces étranges spectacles rare dans l'histoire du genre humain. Jamais on ne vit d'un seul coup-d'œil tant de feu, de sang et de ruines, avec des vertus tendres et des crimes féroces. Les fureurs

(1) Ce nombre s'élevoit à vingt-six mille par an avant la révolution. *Lettre de Wilberforce à Talleyrand.*

de la liberté s'y mêlèrent à celles de la servitude. Cette calamité fut accompagnée d'un grand effroi, parce qu'elle avoit été imprévue, et qu'il n'étoit pas au pouvoir des hommes de l'arrêter quand elle parut. Quoiqu'il y eût eu parmi les esclaves des mouvemens d'insubordination, c'étoit en des temps et en des lieux différens, et comme ils avoient été comprimés par des supplices (1), les colons entièrement occupés de leurs propres dissentions, et ensuite de celles qu'ils avoient avec les affranchis, ne se croyoient pas moins dans une sécurité profonde (2) : semblables à des hommes qui vivent près d'un volcan ignoré.

Cependant le mot de liberté ayant traversé l'Océan, retentit à l'oreille des esclaves. Des aventuriers, des matelots, des gens sans fortune et de divers partis, la plupart perdus d'honneur, souillés de débauches, et cherchant à réparer leur ruine, causée par les désordres de leur vie, venus en ce temps des côtes de France, parcouroient la campagne et les ateliers, plaignoient la misérable condition des esclaves, et disoient que comme leurs maî-

(1) Garran, pag. 195, t. 2.

(2) Garran, pag. 210, t. 2.

tres ; ils étoient sortis nus des mains de la nature ; qu'éloignés pour jamais de leur patrie, ils arrosoient stupidement de larmes et de sueur une terre qu'ils ne pouvoient rendre assez féconde pour satisfaire l'avarice de leurs maîtres. Ensuite ils les entretenoient des douceurs et des charmes de la liberté, leur faisant entendre de quelle manière ils pourroient s'affranchir de la servitude. Les esclaves écoutoient avec avidité ces récits, et pendant leurs loisirs s'en occupant secrètement entre eux, ils se passionnoient de plus en plus pour la liberté.

Deux partis déchiroient alors la France, celui de la démocratie et celui de la royauté. Tous les deux agitoient Saint-Domingue, plus violemment agité par deux autres, celui des affranchis et celui des maîtres : ces quatre partis eurent plus ou moins d'influence pour déterminer les esclaves à la révolte. Les dissentions entre les maîtres et les affranchis les avoient rendus témoins et par fois complices de tout ce que faisoient les uns pour obtenir l'égalité, les autres pour la repousser ; et ce spectacle où se déployoient des passions raffinées et atroces, les faisoit méditer sur eux-mêmes, et fatiguoit le sommeil de leur servitude. Dans le parti de la démocratie, ceux-ci par un amour généreux de l'humanité, ceux-là par l'inquiétude de l'ambition, rapprochèrent imprudemment la liberté de l'esclavage. Le parti de la royauté, dans lequel se trouvoient la plupart des officiers de terre et de mer, eut plus d'union, de ruse et d'étendue dans ses vues : il considéra la révolte des esclaves comme un moyen de rendre le commerce ennemi de la révolution de France, de le rattacher à son intérêt, d'augmenter sa puissance (1). Ainsi, pour renverser la démocratie, il ne craignit point de voir mettre à feu et à sang la plus opulente région des Antilles (2). Les esclaves étoient prêts à tout entreprendre pour sortir de la servitude. Comme ce parti leur fit entendre que le roi rempli pour eux d'une rare sollicitude vouloit leur liberté, sans s'inquiéter de la vérité du fait, ce fut au nom du roi et sous son étendard qu'ils conspirèrent pour la liberté (3).

Quoique la plupart des colons aient formé diverses conjectures sur la manière dont cette conspi-

(1) Albert : des véritables causes qui ont amené la ruine de la C. de S.-D., pag. 18.

(2) Motifs du décret du 28 mars, sanctionné par le Roi le 4 avril 1792.

(3) Garran, p. 193, 344, 305, t. 2. Malenfant, p. 7.

ration fut tramée par les esclaves, elle ne fut ni préparée ni méditée avec les précautions et les finesses d'une entreprise de ce genre. La violence et l'amertume de leur haine ne permit point autant de combinaisons profondes et variées. Leur conspiration fut à peine formée, que leur vengeance éclata. Tant de misères passées et présentes, tant de cruautés exercées par des maîtres qui n'avoient rien de commun avec eux, ni pays, ni civilisation, ni mœurs, ni langage, ni couleurs et formes du corps; tant de travaux et de châtimens arbitraires, sans espérance d'un meilleur avenir, engendrèrent, sous un ciel qui communique ses feux aux passions, une conjuration vaste dans ses desseins, humaine dans ses vues, mais dont l'exécution devoit être effroyable. Pour renverser la domination de leurs maîtres, ils résolurent de les égorger, de mettre en cendres les campagnes, les bourgs et le Cap (1). Comme il étoit difficile que rien ne transpirât à cause de la multitude des conjurés, les maîtres en eurent d'abord quelque avertissement qu'ils dédaignèrent. La conspiration ne (2) tarda pas à s'annoncer par le feu que les conjurés mirent à l'habi-

(1) Garran, p. 211, t. 2.

(2) Garran, p. 210, t. 2.

tation Chabaud, et qu'on parvint néanmoins à éteindre. On arrêta des esclaves de cette habitation qui la dénoncèrent; mais elle étoit si extraordinaire, qu'elle parut incroyable, et on la rejettoit comme dénuée de vraisemblance.

La conjuration devint de plus en plus certaine. Suivant la déposition d'un vieux esclave arrêté dans la nuit du 20 août, il y avoit eu le 14 sur l'habitation Lenormand, au Morne Rouge, une assemblée composée de deux députés, par chaque atelier, des paroisses du Port-Margot, du Limbé, de l'Acul, de la Petite-Anse, de Limonade, de la Plaine du Nord, du Quartier-Morin, et de plusieurs autres lieux (1). Les conjurés devoient y fixer le jour de l'insurrection méditée depuis quelque temps. On rapporte qu'avant d'en exécuter le plan, ils firent un sacrifice sur un terrein vierge et couvert de bois, appelé Le-caiman; que la victime fut un cochon noir qu'ils entourèrent de fétiches, et chargèrent d'offrandes de diverses espèces; qu'une jeune prêtresse, vêtue d'une robe blanche, lui plongea le couteau sacré dans les entrailles suivant les cérémonies accoutumées; qu'ils burent avec avidité de son sang, et qu'ils prirent de son poil, espèce

(1) Garran, p. 211, t. 2.

de talisman qui devoit les rendre invulnérables dans le combat (1).

Après ce sacrifice, ils se rendirent à l'habitation Lenormand, et s'y étant retirés dans le lieu le plus secret et le plus sûr, ayant eu soin d'en faire garder soigneusement les avenues, l'un des conjurés, dit-on, s'exprima de cette manière : « C'est pour la première fois, mes chers cama- » rades, que la liberté nous réunit, depuis que » des barbares nous ont arrachés de notre patrie, » éloignés de nos temples, et des sépulcres de » nos pères, pour nous mettre en deçà de » l'Océan, sous l'esclavage le plus inhumain. » Chaque année la mer et la terre sont arrosées » de nos larmes et de notre sang; nous passons » les jours et les nuits dans des travaux excessifs » sans goûter les douceurs du repos, pour en- » richir des maîtres qui vivent dans l'abondance » et l'oisiveté, tandis que nous manquons de » toutes les choses nécessaires à la vie. Il n'est » aucun de nous dont les membres ne soient » souillés des empreintes de leur tyrannie; nous » vieillissons avant le temps et nous mourons » dans la jeunesse. Les rochers, les antres, les » bois sont inutiles à notre liberté. On nous

(1) Dalmas.

» envie des retraites, que nous serions heureux
» de partager avec les bêtes féroces. Les avortemens sont fréquens chez nos femmes; leurs
» mamelles sont arides ou n'ont de lait que
» pour les enfans de nos maîtres. Ils souillent
» nos filles à peine sorties de l'enfance, profanent
» nos unions par des adultères pleins de dégoûtantes voluptés, et ne craignent point de
» flétrir et déshériter les enfans de leur sang
» quand il se mêle au nôtre. Telle est la misérable destinée qui nous opprime; les fers,
» les tourmens, les supplices font que pour
» nous la vie est un mal. De quel côté tourner
» nos regards? Le passé ne nous présente que
» des crimes sans exemple envers nous et notre
» race; l'avenir les perpétuera, nos générations
» ne naîtront que pour servir. Enfans du Soleil,
» qu'y a-t-il de commun entre nous et ces maîtres? Séparés par des mers, distingués par la
» couleur de la peau, mais égaux par la nature,
» car notre visage regarde le ciel, sommes-nous
» allés les arracher des contrées où ils ont été
» engendrés, pour les mettre en servitude au-delà d'un autre Océan. Il est pourtant si peu
» de différence entre eux et nous, que s'ils
» étoient à moitié nus, couverts de nos haillons,
» logés dans nos huttes; et nous, si nous por-

» tions leurs riches habits, si de jeunes esclaves
» lavoient nos pieds, nous servoient à de splen-
» dides festins, si dans de superbes palais nous
» reposions mollement à l'abri des feux du jour
» sur des lits délicats entourés de moustiquaires,
» ils seroient nos esclaves, nous leurs maîtres.
» L'oppression n'a pesé que trop long-temps
» sur nos têtes; ce seroit à eux de servir, à nous
» de régner; mais n'appesantissons point sur
» d'indignes maîtres le joug de la servitude,
» et pour cesser de servir, ne faisons pas
» des esclaves. Allumons une plus noble ven-
» geance! Qu'avons-nous besoin de la ruse et de
» l'adresse, de sombres et noirs complots, ar-
» mes familières de la lâcheté! Agissons à force
» ouverte; notre population est innombrable,
» à côté de celle de nos funestes ennemis. Nos
» femmes, nos enfans, nos vieillards seront des
» guerriers. Sous ce climat qui leur donne la
» mort, la contagion moissonnera leurs batail-
» lons et laissera le fer oisif dans nos mains. Que
» tardons-nous de porter des torches incen-
» diaires dans ces opulentes et superbes con-
» trées, si souvent baignées de nos sueurs et de
» nos larmes? Que ces ateliers, instrument éter-
» nel de notre esclavage, ne soient plus que cen-
» dre et ruine! Que nos maîtres, leurs femmes

» avec leurs enfans qui nous réclameroient un
» jour comme esclaves s'ils venoient à survivre,
» tombent ensemble sous les coups de la mort
» comme des victimes immolées à leur propre
» cruauté. Le feu, le terrible feu ne sauroit ni
» trop tôt, ni assez purifier ces contrées infec-
» tes, afin qu'il ne reste de la servitude, ni mo-
» nument, ni homme, ni génération. Alors
» seulement, chers camarades, nous jouirons de
» la liberté. Mais si quelques-uns d'entre nous
» sont remplis de terreur par ce mélange inouï
» de feu et de sang, la chute de ces habitations
» embrasées, la ruine de tant de richesses et
» la mort de tant de gens ; qu'ils se retracent
» l'image de nos calamités passées, et qu'ils
» jetent les regards sur l'avenir. La destruction
» et le carnage sont des passages inévitables de
» la servitude à la liberté. Pour cesser de servir,
» il faut tuer ; et tout détruire pour tout refaire.
» Souvent les crimes sont des vertus pour qui
» embrasse l'avenir. Il sera beau de voir en dé-
» dommagement sur cette terre que nous allons
» couvrir de flammes, de ruines et de cadavres,
» d'autres monumens, de nouvelles villes et
» un peuple nouveau qui fera flotter son pavil-
» lon sur les mers, contractera des alliances,
» recevra des ambassadeurs, fera la paix ou la

» guerre ». Ce discours fit l'impression la plus profonde sur l'ame des conjurés; on voyoit sur les traits de leur visage croître la fureur ; la vengeance rouloit dans leurs regards sombres et enflammés. Tous, après avoir prononcé des sermens terribles, vouloient dans la nuit même exécuter leur dessein, s'ils n'avoient réfléchi qu'une exécution aussi prompte entraîneroit des difficultés et pourroit trouver quelque accident imprévu qui feroit manquer une entreprise, dont rien n'égala jamais ni l'audace, ni le péril (1).

Les flammes qui devoient dévorer tant de richesses, et ces édifices semblables à des palais, où le maître régnoit sur une multitude d'esclaves, s'élevèrent vers le milieu de la nuit du 22 août, de l'habitation Noé dans la paroisse de l'Acul. Elles gagnèrent bientôt plusieurs quartiers du Limbé, et comme les meurtres se mêloient au feu, les colons sonnèrent en cet endroit le tocsin, se réunirent et cherchèrent à se défendre ; mais aussitôt dispersés que réunis, quelques-uns eurent à peine le temps de fuir vers la mer, et de se jetter dans des barques, d'autres de se sauver

(1) Garran, p. 212, t. 2. Lettre de Jean François, du 4 septembre 1791, citée par Malenfant, p. 115. Cri de la nature, par Chanlatte, imprimé au Cap. Rapport du 29 novembre 1791 à l'Assemblée nationale.

vers la ville, tandis que le plus grand nombre resta sans défense exposé à la fureur des esclaves (1), semblables à des animaux féroces qui ont brisé leurs chaînes.

A la clarté d'un vaste incendie, ivres de colère et d'une implacable vengeance, ils font couler des ruisseaux de sang. Maîtres, femmes, enfans, vieillards, tous périssent, invoquant inutilement le ciel ou maudissant un atroce destin. Ils expirent à la vue de leurs maisons en feu, la plupart se tenant étroitement embrassés comme pour se faire un éternel adieu, seule consolation dans un malheur aussi grand qu'inattendu. Tout paroît licite à ces esclaves, au nom de la liberté qu'ils souillent sans honte des crimes de la servitude. Dans le sein de ces fureurs, ils imitent grossièrement la lubricité de leurs maîtres ; ils mêlent l'incendie au viol, le viol au meurtre, se riant des cris d'une pudeur qui les irrite. Des filles, violées sous les yeux de leur père, sont ensuite massacrées avec lui ; et leur étrange volupté se ranime et s'assoupit sur des cadavres, objet de leur triste vengeance (2).

Ces scènes épouvantables ne cessoient avec le jour que pour recommencer avec la nuit, sans

(1) Garran, t. 2, p. 213.

(2) Rapport du 29 novembre. Garran, p. 258, t. 2.

laisser de repos à la fureur. Quand le Limbé n'offrit plus que des ruines fumantes avec des cadavres épars çà et là, les esclaves portèrent le fer et les torches incendiaires dans toutes les paroisses d'alentour ; un nommé Boukmans, esclave dont l'audace égaloit la férocité, conduisoit leurs pas et les excitoit au carnage et à la destruction. Errans alors dans ces riches campagnes, ils embrasèrent les édifices qu'ils avoient élevés, les récoltes qu'ils avoient fait croître, et égorgèrent par-tout les maîtres qui n'avoient pu fuir, ou s'étoient reposés sur leur pitié. L'Acul, le Limbé, le Port-Margot, la Petite-Anse, le quartier Morin, Limonade, Plaisance, la Plaine du Nord furent ainsi couverts d'un océan de flammes, inondés de sang, et la plus riche campagne des Antilles, une des merveilles de l'art et de la nature, offrit dans un rayon de 50 lieues autour du Cap (1) l'image de la destruction et de la mort, vaste tombeau creusé par l'esclavage.

Combien de pères, d'enfans, de femmes périrent alors ! On vit de grands crimes à côté de grandes vertus. Des esclaves commirent des parricides; ils assassinèrent ceux qui leur avoient

(1) Garran, p. 213, 214, t. 2.

donné la vie dans la débauche ou dans des adultères, pour les avoir oubliés dans la servitude ou pour n'avoir pas assez témoigné de tendresse envers eux (1); c'étoit sans repentir et avec gloire qu'ils se réjouissoient de ces parricides ; mais c'étoit pour la liberté. Il y en avoit qui tiroient leurs mains fumantes du sein de leurs tendres maîtresses qui rappeloient en vain des caresses, des doux soins, des services rendus, une longue amitié contractée dans la servitude. Ces souvenirs aigrissoient leur vengeance, et ils payoient avec des meurtres des vertus qui adoucissoient le malheur de servir. On compta néanmoins pour lors un petit nombre d'esclaves d'un rare attachement, seul bien qu'on rencontre dans la servitude. Quelques-uns perdirent la vie pour sauver celle de leurs maîtres ; d'autres les emportèrent dans le fond des bois ou sur des rochers, les nourrissant secrètement loin du carnage et de l'incendie, jusqu'à ce qu'ils pussent les conduire vers la ville ou la mer (2).

Rien ne surpassa l'attachement et la fidélité de quelques femmes esclaves, qu'on trouva assises près des cadavres de leurs maîtresses avec

(1) Rapport du 29 novembre 1791. Dalmas.

(2) Moniteur du 25 septembre 1792.

ce rire stupide, signe du comble de l'infortune. Des amantes ne manquèrent ni de vaillance, ni de ruse pour vaincre ou tromper la vengeance. Ceux dont l'enfance avoit été soignée par de courageuses nourrices ne périrent point ; ils échappèrent au fer des conjurés par une tendresse contractée au berceau.

Quand les colons virent, des fenêtres de la ville bâtie en amphithéâtre, leurs campagnes embrasées, la plupart ayant des frères, des sœurs, des épouses et des pères en fuite, dispersés ou égorgés ; les uns étoient comme stupéfaits à la vue d'une si étrange calamité ; d'autres proposoient des moyens extrêmes et impossibles dans l'exécution, ou bien n'avoient que de l'inconstance dans la variété de leurs pensées. Le plus grand nombre vouloient, dans le désespoir, abandonner la colonie aux esclaves conjurés (1). Tous laissoient voir à découvert une lâcheté, cachée par l'orgueil d'une prospérité qui n'étoit plus, et ils furent sans vertu dans l'adversité : effet de la servitude, qui communique ses poisons à l'ame du maître et à celle de l'esclave. Il régnoit dans l'assemblée coloniale nommée à Léogane, et qui siégeoit au Cap, des préjugés,

(1) Garran, p. 215, t. 2.

des opinions, des partis divers, qui faisoient de cette assemblée un malheur de plus. Elle étoit composée en partie de gens ruinés, dont la perversité et l'audace entretenoient des troubles et des calamités, spéculation secrète et honteuse de leurs ambitions diverses.

Les esclaves insurgés, au nombre de quinze à vingt mille, étoient à moitié nus, armés les uns de fusils pris dans les habitations, les autres de flèches, de bâtons, de couteaux, de fourches et de divers instrumens d'art. On portoit ce nombre grossi par la frayeur à cinquante mille, de manière qu'on disoit que la ville alloit périr, et que la flotte n'échapperoit au feu qu'en mettant promptement à la voile. Dix mille esclaves mâles qui s'agitoient dans la ville donnoient de la réalité à ces craintes, on les accusoit d'avoir tramé une conspiration, découverte seulement la veille du jour où l'on fut informé de celle du dehors. Ce qui fit concevoir le dessein de mettre dans des navires ces esclaves, sur lesquels on devoit tirer le canon pour les ensevelir sous la mer, au moindre signal de révolte; mais le danger d'en arrêter un si grand nombre fit abandonner prudemment ce dessein. Il paroît que ces deux conspirations étoient de même nature, et avoient été conçues ensemble sans que j'en aie trouvé de preuves suffisantes (1).

Pendant ce temps on n'entendoit dans les rues que plaintes et gémissemens. Le désespoir étoit différent sur chaque visage. Les uns avoient un air taciturne avec un regard tantôt immobile, tantôt égaré. Les autres se livroient sans réserve à toute sorte de débauches et de désordres voluptueux : c'étoit une joie folle et bruyante, née du comble de l'infortune. Ceux qui avoient le plus de piété entouroient les autels, faisoient des prières et des vœux qu'ils accompagnoient de gestes pressans. Ce fut un spectacle bien digne de compassion, de voir ensuite les routes encombrées d'enfans, de femmes, de vieillards, et de tous ceux qui fuyoient en désordre avec leur bagage le fer et la flamme de l'insurrection. De ce nombre étoient des femmes opulentes, habituées à toutes les voluptueuses délicatesses de leur sexe : celles-là montroient avec amertume des blessures de la main de leurs esclaves ; celles-ci avoient perdu sans retour un enfant ou un époux dans des tourbillons de feu. Leur douleur et leur deuil étoient variés et profonds ; les imaginations troublées exagéroient ces calamités,

(1) Garran, p. 215, t. 2.

quelque grandes qu'elles fussent. Toute sorte de gens, l'alarme dans le cœur, et la crainte sur le visage, allant à leur rencontre, se pressoient sur les routes, se jetoient parmi les bagages qu'ils arrêtoient, interrogeoient avec inquiétude des maîtres, des serviteurs, des affranchis, et d'après les différentes expressions de leur physionomie, on savoit s'ils avoient appris une heureuse ou triste nouvelle. La fortune, pour mêler un grand deuil à une grande joie, rendit des amis à des amis, des époux à des épouses, des fils à des mères, et la plus insigne des calamités ne fut pas sans quelque bonheur inespéré.

Alors il se formoit aux carrefours et sur les places de la ville des attroupemens, où chacun racontoit à sa manière les malheurs publics. Tous, la désolation dans l'ame, et les larmes aux yeux, y prêtoient une oreille attentive et étonnée. On se soulageoit en les entendant répéter. Les plus indifférens ne laissoient pas d'être émus, soit par imitation, soit parce-qu'il n'est pas donné à l'homme de contempler d'un œil sec de pareilles infortunes. Des vieillards ayant survécu à leur ruine et à leurs familles, et n'ayant vu dans le passé qu'un respect aveugle de la part des esclaves, tournoient leurs mains tremblantes vers le ciel, pour se plaindre d'une longue vie comme d'un présent funeste. Tout annonçoit le dernier degré d'infortune, on perdoit jusqu'à l'espérance qui se trouve par-tout. Les avortemens étoient fréquens : on voyoit dans les airs une multitude d'oiseaux de proie attirés par l'odeur fétide des cadavres restés sans sépulture. Des maîtres perdirent pour toujours la raison à la vue de tant de maux, ne cessant de s'en entretenir dans leur sombre et incurable folie; et les navires étrangers épouvantés se détournoient de ces rivages funestes.

Les colons crurent qu'il falloit venger tant de calamités par le sang des affranchis soupçonnés d'avoir trempé dans cette épouvantable conjuration. Ce soupçon venoit de la haine, et la haine des dissensions récentes qu'ils avoient eues pour l'égalité politique, et qui avoient aigri l'orgueil des uns et la raison des autres. Comme il se trouvoit d'ailleurs des affranchis parmi les révoltés, on passa du soupçon à l'accusation, et de l'accusation à une vengeance sanglante, sans considérer qu'ils avoient, comme les colons, des esclaves et des habitations à conserver, et que la haine, quelque violente qu'elle soit, ne l'emporte guère sur l'amour de la propriété. On aima mieux tuer que penser. Les colons se ressouvenant sans cesse avec aigreur que la plupart d'entre eux avoient été leurs esclaves ou ceux de leurs ancêtres, se plaignoient d'un affranchissement souillé d'ingratitude et d'une égalité demandée avec insolence ; et ayant animé sourdement la multitude contre eux, pendant que la campagne étoit ravagée par le fer et le feu, on alla les arracher de leurs maisons ; et trouvant plus d'ennemis dans leurs amis que parmi des inconnus, les rues, les places, les temples furent inondés de leur sang (1) : malheureux habitans, placés entre la haine du maître et celle de l'esclave, n'ayant ni les avantages de la liberté, ni ceux de la servitude. La multitude, qui dans les séditions embrasse sans choix le crime ou la vertu, se fit un dégoûtant trophée de leurs têtes sanglantes, qu'elle porta dans les rues sur des piques avec des exclamations variées de rage et de joie.

Toutefois, pour cacher en partie la profondeur de la scélératesse du cœur humain, le hasard a dérobé à la postérité le nombre et le détail de ces cruautés, exagérées par les uns, et dissimulées en partie par les autres. Ceux qui échappèrent à ce carnage se traînèrent, la plupart, les membres meurtris et sanglans, dans l'église des religieuses de Sainte-Ursule, pour

(1) Garran, p. 216, t. 2.

y chercher un asile près des autels, n'en trouvant plus près des hommes; ils s'y réfugièrent avec leurs enfans et leurs femmes dont la vengeance, pleine du souvenir d'un passé sanglant, ne respecta ni l'innocence, ni la foiblesse. Mais soit lassitude du carnage, soit sainteté du lieu, on leur laissa la vie. L'assemblée coloniale qui n'étoit point étrangère à ces meurtres, pour qu'on ne les lui imputât pas, retint la colère de la multitude par une garde qu'elle fit placer à la porte de l'église, et ne permit aux affranchis d'en sortir qu'autant qu'ils prendroient les armes contre les conjurés, ce qu'ils firent, étouffant pour le présent tout ressentiment, à cause des calamités communes (1).

Dès le commencement de l'insurrection, Blanchelande, gouverneur de la colonie, vieillard foible et peu propre à tenir *le timon* des affaires dans un si grand bouleversement, avoit envoyé des troupes pour la comprimer; mais comme les esclaves s'avançoient vers la ville pleine de deuil et d'épouvante, il rappela ces mêmes troupes, autant pour la défendre que pour la rassurer. Après avoir entouré de palis-

(1) Garran, p. 217, t. 2. Histoire des désastres de Saint-Domingue, p. 184.

sades la ville qui manquoit de murailles, et placé de l'artillerie aux portes (1), il forma trois camps, l'un au bourg du Haut-du-Cap, l'autre à Bel-Air, deux endroits par où les conjurés pouvoient pénétrer avec moins d'obstacles; plus loin, sur un plateau du morne Bekly, fut placé le troisième camp qu'on fortifia davantage que les deux autres, et qui devint le rempart le plus sûr contre l'insurrection. La ville ainsi mise à couvert, on alla tenter au dehors les hasards de la guerre.

La troupe ne tarda pas à rencontrer des bandes d'esclaves errantes, marchant confusément, mal armées, sans aucune discipline, qu'elle dispersa presque aussitôt qu'elle les atteignit; mais leur fuite étant lente, difficile, pleine de désordre et de frayeur, au point qu'un grand nombre se jetoit au devant de l'ennemi, on fit beaucoup de prisonniers. Les maîtres, dans leur courroux impitoyable, en massacrèrent quatre-vingt après le combat, sans épargner ni l'enfance, ni le sexe, ni la vieillesse : atrocité qui ne fut pas comparable à celle d'égorger les esclaves paisibles dans leurs ateliers, ou ceux qui par une rare fidélité dans le malheur en éteignoient les flammes; arrachant ainsi la vertu de leur cœur.

Ces meurtres mêlés à la guerre ne firent

(1) Garran, t. 2, p. 217.

quegrossir au loin la troupe des insurgés et irriter une vengeance allumée par la liberté et nourrie par le carnage. Après avoir mis tout en cendre dans la plaine, ils portèrent le feu sur les montagnes (1), triple amphithéâtre dont rien n'égaloit l'opulence, si ce n'est celle de la plaine. Tout y fut semblable pour le crime et la vertu; même audace, carnage non moins effroyable, fureur égale, attachement pareil, même fidélité, tendresse non moins admirable, mais aussi rare; telle est le spectacle qu'offroient alors les montagnes du nord de Saint-Domingue. Les maîtres, pour qui la fuite étoit ce qu'il y avoit de moins effroyable dans leur destin, voyoient, des routes ou de la mer, le feu dévorer leurs riches habitations vers lesquelles ils tournoient leurs regards pour la dernière fois. Peu de jours après l'insurrection, on comptoit 220 manufactures de sucre, et 600 de café entièrement détruites avec tous les objets d'arts et d'industrie : deux siècles de travaux perdus en un instant. Seulement quelques paroisses autour du Fort-Dauphin échappées à ces funestes ravages se trouvoient placées entre la ruine et la prospérité (2).

(1) Garran, p. 217, 218, t. 2.

(2) Rapport du 29 novembre. Garran, p. 218, t. 2.

Ainsi

Ainsi la liberté s'asseyoit sur des cadavres et des ruines fumantes, lorsque l'assemblée coloniale, ayant pour le présent quelque espoir d'assoupir l'insurrection, pensa profiter de cette conjoncture pour secouer le joug de la mère-patrie. Au lieu de lui demander du secours et de mettre de son côté les gens de sang mêlé, contre qui sans cesse elle nourrissoit des haines mortelles, elle crut de sa politique de s'adresser au gouverneur de la Jamaïque, à celui des terres espagnoles et aux Etats-Unis; et par un aveuglement déplorable, elle rechercha la force de l'Angleterre qui dissimuloit son inimitié, de l'Espagne qui méditoit la guerre, et des Etats-Unis qu'une prospérité croissante rendoit indifférens. Elle donna tant d'importance à cette démarche, dont elle ne prévoyoit point les suites, que chacun à son gré, et selon son parti, porta dans les camps et les assemblées, les différentes livrées des nations dont on avoit invoqué le secours; ce qui jeta de nouvelles semences de division parmi les colons qui cherchoient leur salut, soit dans des forces étrangères, soit dans l'indépendance de la colonie. C'étoit avec des exclamations pleines d'amertume qu'ils reprochoient leurs maux à la France : la plupart vouloient s'en séparer à quelque prix que ce fût, et se livrer au premier peuple qui leur apporteroit du secours, dans la folle pensée qu'il serviroit leur parti : et la mère-patrie étoit ainsi morte dans leur cœur (1).

Pour obtenir promptement les secours qu'elle demanda, sans néanmoins les désigner, l'assemblée peignit avec énergie la grandeur des calamités de Saint-Domingue par les détails les plus touchans et les plus propres à émouvoir : elle représentoit la magnifique plaine du Cap en feu ainsi que les montagnes ; des richesses immenses, amassées par des travaux et des périls sans nombre, perdues en quelques jours par la révolte de leurs esclaves ; qu'il n'y avoit aucun d'eux qui ne fût en deuil et ne versât des larmes sur la mort d'un ami, d'une épouse, d'un frère, d'une sœur, égorgés ou ensevelis sous des décombres fumans ; que des familles entières avoient disparu ; qu'ils leur écrivoient à la lueur des flammes qui nuit et jour brûloient leurs campagnes, et au milieu de la consternation et des alarmes que répandoit une calamité d'une espèce aussi grande que nouvelle ; qu'abandonnés de la mère-patrie, ellemême bouleversée par des déchiremens politiques, sans les secours qu'ils attendoient de

(1) Bryan-Edwards. Leipzig, 1798.

leur générosité, au moins de leur pitié, la ville du Cap, leur dernier asyle, seroit bientôt en feu, et qu'ils ne trouveroient de salut qu'en fuyant sur les mers et délaissant la colonie à leurs esclaves conjurés ; que si l'on n'arrêtoit pas cette calamité, une pareille destinée menaçoit les îles du Nouveau-Monde remplies d'esclaves. « Au nom de l'humanité, de vos intérêts les » plus chers et des nôtres, ajoutoient-ils, en- » voyez-nous quelque secours pour empêcher » les progrès d'un mal qui ne feroit des colonies » qu'un vaste cimetière : les mains parricides » de nos esclaves sont teintes de notre sang ; » nos habitations, nos campagnes sont dévorées » par la flamme ; et dans ce dernier degré de » malheur, serons-nous abandonnés du ciel et » des hommes (1) » ?

L'assemblée crut devoir mettre dans la négociation une différence entre l'Espagne et les autres Etats : il fut convenu que le gouverneur de la colonie s'entendroit seul à cet égard avec le commandant des possessions espagnoles, par le motif qu'il auroit été dangereux de dévoiler à l'Espagne, alliée avec la France, des vues d'indépendance ; et comme ce même danger n'exis-

(1) Garran, p. 231, 232, 233, t. 2.

toit pas vis-à-vis des autres Etats, l'assemblée crut plus que jamais l'occasion favorable pour faire reconnoître l'indépendance de l'île en leur envoyant des ambassadeurs. Les Etats-Unis répondirent qu'ils n'entretenoient pas de troupes réglées, à cause de l'heureuse situation dont ils jouissoient. Comme on s'adressa particulièrement au gouverneur de la Caroline, il manda bravement que, depuis six mois, à peine avoit-il pu former un corps de quatre cents hommes pour contenir les sauvages qui dévastoient les derrières de la Géorgie. Le gouverneur de la Jamaïque, Lord Effingham, employa dans cette négociation de la ruse et de l'habileté, et se comporta de manière à pouvoir être approuvé avec éloge, et désapprouvé sans blâme, quelque fût l'issue de ses démarches. Il feignit d'abord de ne pouvoir disposer d'aucune espèce de force sous le prétexte du danger de se mêler des affaires d'un pays où la licence des esclaves n'avoit point de frein. Cependant, soit qu'il eût dessein de s'emparer de la colonie à la faveur des dissentions qui la désoloient, soit par crainte de la contagion de la révolte dans les possessions anglaises, il fit expédier sur-le-champ pour Saint-Domingue cinq cents fusils avec quinze cents livres de balles, et donna l'ordre à deux frégates de mouiller au Cap ; et comme elles devoient faire voile pour l'Angleterre, il promit qu'un troisième bâtiment y séjourneroit aussi longtemps qu'il le faudroit pour la sûreté. Il n'y eut de la part du gouverneur espagnol, qui fit marcher des troupes vers la frontière, que ces vaines protestations qu'on a coutume d'employer envers toute nation infortunée qui va mendier des secours.

Ce fut le 21 septembre que les deux frégates commandées par l'amiral Affleck mouillèrent au Cap. Il remit à l'assemblée des lettres du gouverneur qui renfermoient des regrets éloquemment exprimés, de ce que cette force n'étoit pas proportionnée à la nature et à la grandeur du péril. L'arrivée de ces deux frégates et ces lettres comblèrent de joie les colons, qui crurent voir un terme à leur malheur, sans songer que dans une guerre civile il n'y avoit pas de plus grand fléau que d'employer une force étrangère. Le marquis de Cadusch, président de l'assemblée, pénétroit l'avenir de la révolution de France, qui avoit allumé la révolte des esclaves au-delà de l'Océan, et déployant dans l'adversité l'énergie d'une ame trop passionnée, il ne vit plus de salut que dans l'Angleterre. « La France, dit-il » à l'amiral anglais, n'a rien fait pour détourner

» nos calamités ; sans la générosité de votre » illustre nation, Saint-Domingue ne seroit » plus ». Quoique ces secours, demandés d'un côté avec l'exagération du malheur, et accordés de l'autre avec le raffinement de la politique, fussent de peu d'importance, on ne manqua d'aucun genre d'adulation. L'assemblée écrivit le 25 septembre une lettre à Pitt, ministre anglais, qui, pour balancer les destinées de l'Europe, tenoit d'une main le crime et de l'autre la vertu : elle le chargeoit de dire au Roi, son maître: « que Saint-Domingue vouoit une éternelle reconnoissance à l'Angleterre, assez » magnanime pour disputer aux flammes les » restes d'un pays qui assuroit à la France, » baignée par les deux mers, un des plus beaux » commerces du monde (1) ».

On ne fit rien de ce qu'il falloit faire ; la grandeur des maux et du péril ôtoit jusqu'à l'usage de la pensée; d'ailleurs tout cédoit à la vengeance, les délibérations, les moyens, la guerre et la force de l'opinion de parti. L'assemblée, qui voyoit le feu du lieu de ses séances, s'occupoit stupidement, comme dans le sein de la paix, de formalités, de préséance et d'organisation (2);

(1) Garran, p. 243, 244, t. 2.

(2) Garran, p. 185, t. 2. Dalmas.

ou si elle se mêloit des malheurs publics, elle n'y apportoit que des remèdes contraires. A cause de son aversion contre la mère-patrie, elle ne vouloit pas qu'on prêtât l'oreille aux nouvelles de France, et ôta toute liberté dans les écrits, dans les paroles, dans les actions, dans la presse; elle enchaîna de cette manière la pensée au fond des ames épouvantées, pour qu'on n'osât blâmer un despotisme qui irritoit les esprits et qu'elle jugeoit nécessaire. Ceux qui, sous la foi du droit des gens et des liens d'union entre les deux pays, venoient des côtes de France, s'ils n'avoient pas des propriétés ou des parens dans l'île, étoient jetés dans le fond d'un navire ou renfermés dans un fort; et sous un ciel dangereux et nouveau, les fers, la misère, la contagion et la mort remplaçoient une hospitalité douce et accoutumée. L'assemblée ne calma cette misérable tyrannie qu'à condition qu'ils s'armeroient contre les esclaves. Les malheureux qui refusèrent ce dernier parti furent renvoyés en France : on les vit débarquer à Brest, chargés de fers, pâles, défaits (1), comme s'ils avoient commis quelque grand crime au-delà des mers.

Cependant les négociations entamées avec les

(1) Garran, p. 249, t. 2.

peuples voisins ayant été infructueuses, et n'ayant laissé dans l'ame des colons que la cruelle expérience de l'abandon dans le malheur ; et l'insurrection ne faisant que s'accroître d'une manière plus alarmante, l'assemblée chargea le gouverneur de lever des hommes pour trois régimens ; en même temps elle expédia sur-le-champ un navire avec des commissaires pour informer la France des calamités de la colonie. Cette nouvelle troupe marcha, non pas avec une valeur sage, mais avec une espèce de fureur insolente, contre les esclaves qu'elle repoussa dans différentes actions autour de la ville, sans qu'il se passât rien de digne de la postérité. On vit un genre de prostitution singulier chez des filles et des femmes d'esclaves : elles alloient sans honte dans le camp des colons échanger leurs faveurs contre des balles et de la poudre (1), achetant sans remords, par des prostitutions faites pour la liberté, la mort de leurs maîtres qu'elles enivroient d'amour. Le spectacle d'une multitude de prisonniers, inhumainement égorgés sur diverses habitations, se renouvela sans égard pour l'age, le sexe, l'innocence et la foiblesse ; triomphe parricide qui refouloit la haine dans les

(1) Malenfant, p. 235.

cœurs. Les maîtres, ne prenant les armes que pour exterminer les esclaves, chérissoient une vengeance facile et atroce. Comme ils dédaignoient celle qui coûtoit des travaux et des périls, on les entendoit dans des plaintes dédaigneuses demander leurs bains, leurs tables splendidement servies par de jeunes esclaves, regretter la mollesse de leurs lits, leurs voluptueuses maîtresses; et rentrant aussitôt dans la ville, ils abandonnoient pour de douces habitudes une insurrection qu'ils n'avoient fait qu'envenimer.

On négligea de plus en plus la guerre, pour étaler avec appareil sur des échafauds de lâches et dégoûtantes cruautés. Les crimes des esclaves paroissoient si énormes, qu'on crut que les supplices ne seroient jamais trop effroyables. Les membres de l'assemblée coloniale se couvrirent d'un crêpe noir, et ceux de l'assemblée de la province d'un crêpe rouge; siégeant avec ces marques de deuil et de vengeance. Des tribunaux de sang furent institués; cinq potences et deux roues faisoient de la ville une boucherie de la nature humaine : on y envoyoit souvent ces malheureux au nombre de vingt ou trente à la fois. (1) Chaque bourg, chaque camp, chaque

(1) Débats dans l'affaire des colonies, t. 3, pag. 61, 62, t. 6, p. 72.

lieu avoit son tribunal et ses bourreaux, on y souilloit la valeur, on y déshonoroit la vertu. Ces supplices ne suffirent point à la vengeance des maîtres, ils allumèrent des bûchers, comme plus dignes de la fureur du temps, et avant d'y jeter les esclaves vivans, ils les faisoient passer par la torture; ceux-ci interrogés sur les crimes de l'insurrection, répondoient par le mot de liberté. Ici, on entendoit les cris sourds et pressés qu'arrachoit la torture, là retentissoient les lamentations qu'étouffoit lentement le feu des bûchers. Souvent la multitude, impatiente d'attendre leur condamnation, les massacroit, et leurs membres déchirés devenoient la pâture des chiens; dégoûtantes funérailles de la servitude. Les maîtres furent inhumains jusque dans le pardon. Des esclaves déposèrent les armes et abandonnèrent l'insurrection. Ces malheureux ne désertèrent la cause de la liberté que pour être ignominieusement flétris : on leur imprimoit sur la joue, avec un fer brûlant, la première lettre du mot révolté (1). Dans la défaite, chaque ennemi étoit pour eux un maître, un vainqueur et un bourreau. L'esclave fidèle étoit confondu avec le coupable, celui qui éteignoit la flamme avec celui qui l'allumoit, celui qui défendoit la vie

(1) Garran, p. 253, 254, t. 2.

de son maître avec celui qui versoit son sang : ainsi la grace étoit un supplice ; la fidélité, le courage et la vertu trouvoient la mort.

On ne vit jamais plus de force d'ame dans les tourmens, que les esclaves n'en montrèrent sous les yeux des maîtres qui leur reprochoient avec un orgueil plein de dédain, leur vaste et horrible conjuration, contre eux sur-tout dont l'esprit et le corps étoient d'une nature excellente ; repoussant ces singuliers reproches par un silence digne de la liberté, ou par un regard étincelant de vengeance, ils marchoient au supplice d'un pas calme, avec cette indifférence que donne la servitude pour la vie ou la mort. Le sexe le plus foible se montra le plus fort : de jeunes femmes, sans laisser échapper aucune plainte dans les rues et sur les places, alloient avec fierté au devant du supplice, et par un si touchant exemple encourageoient ceux qui hésitoient de mourir pour la liberté. On en vit quelques-unes d'un caractère plus surprenant sourire en expirant, en présence de leurs maîtres dont elles désespéroient ainsi la vengeance.

Avant d'entrer dans les détails de cette insurrection, je parlerai en peu de mots de l'origine, des mœurs, de la religion, des qualités physiques et intellectuelles des esclaves, et de leur manière de faire la guerre. Nés en des régions diverses de la vaste Afrique, ils ne se ressembloient point entre eux; chaque climat, avec des institutions variées, leur ayant imprimé un caractère différent. Ceux qui avoient reçu le jour au Sénégal étoient propres aux offices de la maison, et d'une habileté particulière pour les arts mécaniques. Ils ont de la grace dans les traits mobiles de leur visage, dont le nez est droit, les lèvres minces, les cheveux longs et qu'anime un œil plein de feu. Les Barbares et les Quiambas sont les hommes de l'Afrique de la plus haute taille; on diroit qu'aucune ame n'anime ces corps gigantesques, et dans leur démarche mal assurée se peint une triste indolence. Les plus intrépides à la guerre, également utiles dans la paix, se nomment Agouas, Aoussas, Arradas, Socos; tous sont nés à la Côte d'Or, ils respirent dans une large poitrine, et la vue de leurs corps donne une image de la force et de la beauté. Ceux du pays des Nagos sont marqués sur la joue de trois ou six coupures qui leur servent d'ornemens; un climat stérile leur donne du penchant au vol. Les Ibos de la région du Gabon, sous l'équateur, ont une mélancolie qui leur ronge l'ame; sans cesse ils tournent leurs pensées intimes, leurs regrets amers vers la patrie qu'ils ont perdue, et dans la croyance qu'ils la reverront, ils se donnent la mort à l'imitation les uns des autres. Il n'en est pas de même des Congos, qui se livrent à une joie folle et bruyante, et qui calment les maux de la vie et leur servitude par des danses variées et des chants monotones, mais harmonieux. Le repos est leur bonheur, la bonté leur caractère. On voit dans leurs yeux gros et d'une teinte jaunâtre cette constante gaîté qui les laisse dans une rare et précieuse indifférence pour l'avenir et le passé. Comme ils ont coutume d'envoyer leurs femmes aux champs, il n'y en avoit point de plus recherchées, ni de plus diligentes. La nature, dans des distances très-rapprochées, se plaît quelquefois à marquer de grandes différences pour les inclinations, les goûts, les vices, le crime et la vertu. Quoique voisins des Congos, les Mousombes et les Mondongues ont un caractère de férocité qui les porte à se nourrir de chair humaine ; et cet horrible penchant est marqué par leurs dents incisives qu'ils scient, et transforment en autant de canines aiguës et déchirantes (1). Il y a d'autres espèces de nègres qui ont

(1) Moreau de St.-Méry.

des différences moins frappantes, et font des récits fabuleux des pays inconnus où ils ont reçu le jour.

L'esclavage altéroit ce caractère primitif, dont il ne restoit que des impressions durables : l'enfant né esclave différoit du père né libre ; et à mesure que ces nègres passoient de la nature sauvage à la nature corrompue, leurs vertus se changeoient en vices et leurs vices en crimes, sans que l'on vît parmi eux les graces de la civilisation. La traite, ce marché lamentable du genre humain, réparoit sans cesse les pertes de l'esclavage qui détruisoit tout, femmes, enfans, vieillards, générations ; et pour être un exemple de l'instabilité de la grandeur humaine, on voyoit parmi les esclaves des fils et des filles de roi mis en captivité par le sort de la guerre, ainsi que des hommes versés dans les sciences que les Arabes avoient autrefois enseignées aux Maures (1).

Le culte le plus remarquable qu'ils ont apporté d'Afrique, indépendamment de celui de Mahomet, est connu sous le nom de Vaudoux, qui signifie un être surnaturel et intelligent. Ils le

(1) Malenfant, pag. 213. Moreau de St.-Méry. Lettre de Villeberforce à Talleyrand.

réprésentent sous la forme d'un serpent qu'ils renferment dans une caisse de bois, et qu'ils placent sur un autel. Un roi et une reine, employés au service de ce culte, reçoivent de chaque initié le serment exécrable de ne pas en révéler les mystères, et font ensuite des exhortations pour enivrer leur ame d'un divin enthousiasme. On imploroit séparément le dieu; les uns lui demandoient de diriger l'esprit de leurs maîtres, les autres des richesses, d'autres le don de plaire; ceux-ci une longue vie, ceux-là le retour d'une amante infidèle. Brûlante d'amour pour un adolescent, une vieille femme l'invoquoit pour faire cesser ses dédains; une rivale venoit le conjurer de servir sa haine. Chaque passion en un mot formoit des vœux, et le crime même, pour être écouté, se déguisoit. Le dieu répondoit par la bouche de la reine, qui avoit pour trépied la boëte renfermant le serpent - dieu. Tantôt elle promettoit la félicité, tantôt elle éclatoit en reproches, tenant dans ses mains la foudre de cette divinité à qui l'on offroit ensuite des présens de diverse nature. Cette cérémonie se terminoit par des danses convulsives, pleines d'extase, de ravissement et de volupté, précédées du même serment qu'on scelloit en portant aux lèvres une coupe pleine du sang d'une chèvre (1). Ces nègres ont encore de la vénération pour de petites figures grossières de bois ou de pierre, qu'ils regardent comme auteurs de choses surnaturelles. La plupart croyent que le premier homme fut noir, et que le blanc est une couleur dégénérée. Ils font usage de plusieurs sortes de magies qu'ils mêlent aux pratiques de la religion chrétienne.

Sans aucune notion, ni expérience de la guerre, les esclaves la firent d'abord à la manière des sauvages : vieillards, femmes, enfans, tous alloient pêle-mêle au combat, et avant d'en venir aux mains, souvent ils invoquoient leurs fétiches et pratiquoient des magies singulières et diverses, avec lesquelles ils croyoient fermement arrêter l'ennemi. Tantôt ils gardoient un profond silence, signe de quelque grande surprise; tantôt ils redoubloient leur courage par des gestes animés et des hurlemens. Leurs armes étoient mauvaises, diverses, inégales. C'étoit plutôt sans art que sans adresse qu'ils les manioient; ils connoissoient si peu l'usage du canon, qu'ils mettoient la poudre sur le

(1) Moreau de St.-Méry.

boulet. Fatale ignorance, rachetée pourtant par des avantages nés de la vie sauvage et des misères de la servitude. Braver le climat, la faim, la soif, les périls et la mort; se passer de tentes, de chaussure, de vetêment et de toutes les superfluités que le luxe traîne à sa suite; vivre en des lieux où d'autres mourroient, n'avoir besoin de rien, tout détruire, se trouver bien par-tout, faisant de chaque endroit un camp, de chaque rocher un fort, de chaque bois un retranchement (1); telles étoient avec une patience invincible les ressources de l'esclave dans la guerre.

L'insurrection, dont la force croissoit chaque jour, avoit pour chef un esclave nommé Jean-François. Il semoit l'attaque et la défense de toute sorte de pièges avec une singulière hardiesse, et sa tactique consistoit plus dans l'épouvante que dans le combat, et il combattoit moins qu'il ne fuyoit; mais revenant sans cesse pour combattre encore, sa fuite et son retour inspiroient également de l'effroi. Comme il avoit l'art de simuler la défaite, jamais il n'étoit plus fort que lorsqu'on le croyoit perdu. Ce qu'il y eut d'admirable en lui, ce fut de maintenir l'obéis-

(1) Malenfant, pag. 234.

sance parmi tant de gens d'origine et de mœurs différentes, malgré tout ce qu'une guerre de cette espèce exigeoit de privations, de constance et de péril. Il eut de commun avec les capitaines des temps anciens une passion extraordinaire pour les belles armes et de superbes chevaux. Il portoit des habits richement brodés, et avoit des équipages d'une magnificence recherchée, soit que ce luxe fût un goût naturel, soit qu'il le jugeât favorable au commandement. Son caractère étoit d'une magnanimité surprenante pour être celui d'un esclave. Il avoit de la bonne foi dans ses négociations, savoit oublier l'injure, et se venger avec dignité. Ce fut à l'école de l'adversité qu'il apprit combien une troupe marchant confusément et sans ordre, n'ayant nulle discipline, étoit foible dans l'attaque, lente dans la victoire, difficile à rallier dans la défaite; et imitant la tactique de ses ennemis, il fut d'autant plus redoutable qu'il y joignit celle des esclaves.

Ce chef avoit pour lieutenans Biassou et Toussaint-Louverture. Biassou, moins propre pour le conseil que pour l'exécution, étoit d'une force de corps prodigieuse. Un sang bouillant qui couloit dans ses veines rendoit sa colère impétueuse et implacable. Lorsqu'il étoit informé de quelque acte d'inhumanité commis envers les siens, il égorgeoit ses prisonniers de sa propre main, et ne s'apaisoit qu'en voyant leurs têtes inanimées rouler dans la poussière. Sa vaillance étoit si farouche, qu'il comptoit pour perdu le temps qui n'étoit employé ni à la destruction, ni au carnage. De sang-froid il avoit des vertus : rien n'égaloit sa bienfaisance et sa générosité; il adoucissoit le sort des malheureux qui tomboient entre ses mains; ses crimes étoient plutôt ceux de l'insurrection que ceux de son cœur, une espèce de génie sauvage animoit ses actions ennoblies par une clémence ouverte et ternies par une malheureuse fureur.

De tous les chefs des insurgés, aucun n'avoit plus de piété, de justice, d'humanité, de grandeur d'ame, que Toussaint surnommé Louverture, à cause de la facilité qu'il mettoit à toute espèce de conciliation. Esclave dans son enfance, il avoit gardé les troupeaux de l'habitation Breda, il apprit à lire et à écrire en les faisant paître. Humain dans la guerre la plus inhumaine; il avoit arrêté autant qu'il avoit pu tout acte de barbarie. Comme il aimoit la liberté sans crime, il détestoit la vengeance, si la nécessité n'en faisoit une loi. Il étoit d'autant plus impénétrable dans ses desseins, qu'il les dissimuloit sous une franchise apparente, et des manières pleines de noblesse et de véhémence ; en un trait il peignoit, voiloit ou surprenoit la pensée. Aussi fort dans l'adversité que dans la prospérité, il ne fit rien d'indigne de la vertu ; capable des sacrifices les plus extraordinaires, pour retirer de l'esclavage les siens, qu'il aimoit d'une tendresse extrême, il pénétroit avec une rare perspicacité les pièges les plus ingénieusement inventés pour les perdre. Il jeta le fondement des institutions d'un nouveau peuple, avec la prévoyance d'un esprit qui juge des choses qui doivent périr ou rester. Son génie, également utile dans la paix et dans la guerre, avoit au fort du danger cette rare alliance du sang-froid et de la chaleur qui répare la défaite et promet la victoire. Quelque impression que pût faire un événement inattendu, il n'en étoit point déconcerté et savoit habilement prendre le parti le plus sage. Ce fut avec une gloire pleine de modestie, et sans une savante tactique qu'il soutint par la suite le choc des plus vaillans soldats du monde. Il n'avoit que les besoins d'un esclave bravant la faim, la soif, le sommeil, couchant sur terre, se nourrissant du premier fruit qui lui tomboit sous la main. Il connoissoit à fond les marées, les torrens, les rivières, les lacs, la hauteur et la coupe des montagnes, les gorges, les défilés, les passages les moins praticables, la profondeur des forêts, le retour des vents, la saison des pluies, l'approche des tremblemens de terre, la violence des ouragans : étude qu'il avoit faite dès ses jeunes ans, soit en gardant les troupeaux, soit en poursuivant dans les forêts les animaux sauvages, soit en se baignant dans les rivières et les lacs qu'il traversoit à la nage (1); son corps étoit agile et d'une taille médiocre, son visage expressif, son regard pénétrant et rapide, son aspect imposant.

Jean-François ayant rassemblé ses principales forces à deux lieues de la ville sur les habitations Dagoust et Galiffet, avoit, suivant le dire des prisonniers, fortifié ces positions d'une nombreuse artillerie. Tout-à-coup le bruit se répandit que deux personnages d'une illustre naissance, invisibles pour tous, excepté pour le chef, étoient dans le camp des esclaves. Sans remonter à la source de ce singulier bruit, on n'en eut que plus d'impatience d'aller les combattre pour satisfaire une merveilleuse curiosité. Cepen-

(1) Vie de Toussaint, par Stephem, imprimée à Londres.

dant il étoit d'une autre importance de faire marcher au plus vîte de la troupe pour garantir la province de l'Ouest où les conjurés se disposoient à porter le fer et le feu; d'un autre côté, les paroisses autour du Fort-Dauphin sollicitoient avec alarme des secours sans lesquels elles alloient périr.

Il y avoit alors dans la colonie deux capitaines recommandables par la bravoure et l'expérience qu'ils avoient acquises dans la guerre, qu'on nommoit Touzard et le marquis de Rouvrai. Le prêmier avoit connu les plus vaillans chefs de la guerre des Etats-Unis, où il perdit un bras. Il ne manquoit à sa gloire que de ne s'être pas trouvé dans le rang qui la donne. Il avoit coutume de méditer longuement ses entreprises, et d'en peser les dangers avec la profondeur de la pensée; mais quels que fussent les obstacles qu'il rencontra par la suite, il les aplanissoit, luttant avec la fortune et ne cédant qu'à la nécessité. Il craignoit d'autant moins les périls, qu'il n'exposoit plus aux hasards qu'un corps mutilé, qui pouvoit néanmoins servir à la gloire qu'il aimoit avec passion. Comme il ne se trompoit guère dans ses conjectures, comparant sans cesse les choses passées aux présentes, remarquant en quoi elles diffèrent et en quoi elles sont semblables, ses avis passoient dans les assemblées pour être d'un grand poids; mais un coup-d'œil si juste et si pénétrant ne le faisoit point écarter de l'obéissance, afin de ne pas mettre de la désunion dans le conseil, et du désordre dans l'emploi de la force.

Le marquis de Rouvrai, sous les traits de la vieillesse, avoit les graces et l'impétuosité de cet âge où l'on fait des choses immortelles. Son ame, trempée dans l'adversité, redoubloit d'énergie en présence du malheur. La moindre crainte dans le danger lui paroissoit une honteuse foiblesse. Mais ce mâle courage lui donnoit de trop dures vertus; il infligeoit des peines pour la faute la plus légère, sans égard pour la valeur du soldat, qu'il humilioit par cette sévérité; souvent il s'oublioit dans les bras de la mollesse au milieu des délices de la table qu'il transportoit dans les camps. L'amour de ce genre de volupté n'étoit qu'une distraction propre à reposer et égayer sa bravoure. Il étoit d'une rare habileté dans la défense, et capable avec une poignée de soldats d'arrêter en divers endroits la plus effroyable insurrection qu'on ait jamais vue. Il agissoit avec tant d'invention et de promptitude, qu'il fut le capitaine le plus redoutable aux insurgés. Une éloquence forte, mordante et séche, un caractère âpre et sauvage, des desseins trop inflexibles, lui attiroient tour-à-tour l'amour et la haine des divers partis.

Le gouverneur ayant chargé Touzard d'attaquer les esclaves retranchés sur les habitations Dagoust et Galiffet, ils prirent plutôt la fuite qu'ils ne se défendirent; soit qu'ils ne missent aucune importance à des positions placées au milieu d'une plaine ravagée, soit qu'ils espérassent combattre avec plus d'avantage en d'autres lieux. Touzard vouloit les poursuivre, mais le gouverneur, vieillard irrésolu dans le conseil, timide dans l'action, et qui n'entroit guère dans une affaire sans en sortir avec honte, fit sur-le-champ retirer la troupe qui frémissoit d'abandonner la suite de la victoire; elle revint lentement sur ses pas, chaque soldat avoit la consternation d'un vaincu, et murmuroit contre l'obéissance due à un vieillard. Avant la retraite on incendia les deux habitations qui servoient de camp aux esclaves. On ne sut rien de plus des deux personnages qu'on disoit être mystérieusement chez l'ennemi, et chacun rit d'une crédulité qui avoit hâté la victoire.

Après avoir ordonné les fortifications du morne Bekli pour la défense de la ville, et où l'on employoit chaque jour quinze cents ouvriers, Rouvrai marcha contre les insurgés qu'il battit au bas de la Limonade en différentes rencontres. Sa marche étoit signalée par des feux qu'il allumoit avec leurs ajoupas, espèce de cabanes de feuillage. Dans la crainte qu'ils ne portassent ensuite le fer et le flambeau dans l'Ouest, il forma le long des Gonaives, montagnes qui servent de rempart aux deux provinces, un cordon de troupes qui fût une digue sûre contre l'insurrection; il résistoit à une multitude avec quatre ou cinq hommes sur chaque défilé; sa tactique consistoit en ce que, si des milliers de soldats se dévouent au péril dans l'incertitude de la mort, aucun ne veut s'exposer à une mort certaine. Or, cette mort devenoit toujours certaine pour le premier de la troupe qui approchoit d'un défilé, sur lequel on ne pouvoit passer que l'un après l'autre. Ainsi cet intrépide capitaine défendoit la ville, dispersoit les esclaves et sauvoit l'Ouest.

La guerre va devenir plus active à l'extrémité du Nord, qui n'avoit pas encore été ravagée. Des bandes d'insurgés mises en fuite à la Limonade, et repoussées des montagnes des Gonaives, y refouloient de tous côtés, attirées d'ailleurs par l'appas du butin. Rouvrai y vole avec tout ce qu'il peut rassembler de troupes de ligne, de garde nationale, et de gens de sang mêlé. Partout il établit des camps au Trou, à Vallière, au Dondon, à la Grande Rivière, à la Marmelade; le plus remarquable étoit le camp Rocou où il signala plus particulièrement sa valeur (1). Les insurgés se hatèrent d'en placer en présence des siens; la guerre changea d'abord la position de ces camps, sans perte ni faits remarquables, et l'avantage seroit resté pour lors du côté des maîtres, sans la discorde qui déconcerte les desseins des plus habiles.

Les mêmes dissentions qui déchiroient la ville désoloient les camps; l'anarchie y montroit autant d'étendards que de castes et de partis. Les riches étoient humiliés de camper avec les pauvres, et il y avoit parmi eux des factions diverses. Les uns se prononçoient en faveur de la démocratie, les autres en faveur de la royauté; d'autres vouloient l'indépendance, d'autres enfin se placer sous la protection de l'Angleterre : tous dédaignoient de faire la guerre avec les affranchis. On ne vouloit partager ni la même tente, ni le même camp, l'on s'insultoit par toute sorte de railleries et d'outrages. Ces divisions détruisoient la discipline, le courage; et

(1) Ces camps n'étoient guère que des postes ayant plus ou moins de soldats.

l'inimitié qui devoit vaincre les esclaves perdoit les maîtres.

Jean-François ayant été informé de ces choses par des frères, des sœurs, des maîtresses, espions sûrs et fidèles, que les esclaves avoient toujours dans le camp ennemi, tandis que ce qui se passoit dans le leur étoit impénétrable à l'espionnage, ne manqua pas cette occasion pour livrer divers combats à la troupe des colons. Chaque jour faisant des progrès dans l'art de la guerre, il l'attaque sur plusieurs points, remplit ses attaques d'embûches et d'alarmes. En habile capitaine, il profite des nuits sombres, des vents qui frappent au visage de l'ennemi, des tremblemens de terre d'une violence extraordinaire en ce pays, s'aidant ainsi dans la guerre des bouleversemens de la nature. Il fuit et revient, sa marche est si rapide et si variée, qu'on le croit par-tout où il n'est pas : dit-on qu'il est éloigné, c'est alors qu'il est en embuscade dans un bois voisin; il a sur-tout soin d'occuper les hauteurs et les derrières de l'ennemi ; s'il se montre dans la plaine, en un clin-d'œil il paroît sur un rocher escarpé d'où il voit en sûreté les mouvemens de la troupe ennemie. Avant le combat il invoque les dieux de l'Afrique par des magies sacrées, et y prépare ensuite ses soldats avec des gestes, des cris, des hurlemens. Quelquefois dans un mystérieux silence, protégé par une nnit obscure, il vole à une victoire d'autant plus certaine, qu'on ne decouvre point sa troupe de la couleur même de la nuit. Craint-il la vigilance de quelque sentinelle, aussitôt par une singulière adresse il la fait enlever avec une longue corde, au bout de laquelle se trouve un nœud coulant. C'est ainsi que portant tout-à-coup l'épouvante et la mort dans les divers camps des colons, il occupa Vallière, le Trou, la Grande Rivière, les Mornets, le Dondon, la Marmelade; chaque combat étoit meurtrier; cent colons perdirent la vie à celui du Dondon. Tout cédoit à ses armes et à sa fortune, Rouvrai seul lui résista. Parmi des revers mêlés de succès et sur-tout sécondé par les affranchis, il mit un terme à l'impétuosité de ses conquêtes au camp de Rocou, il l'empêcha de pénétrer avec le fer et le feu dans les quartiers de Mirabaroux, du Terrier-Rouge, de Jaquezi, d'Ouanaminthe et du Fort-Dauphin qui n'avoient pas été ravagés.

Tout hâtoit les destins de la colonie: l'Espagne protégeoit l'insurrection pour venger la religion et le trône. Elle trompa les esclaves par l'appas de la liberté, et ne craignit point de décorer les chefs de la révolte des croix qu'elle donnoit à la valeur et à la fidélité. Comme sa politique se flattoit du fol espoir d'éteindre la révolution de France par une insurrection lointaine, elle ne négligea rien pour l'alimenter, malgré l'indignité de l'action. Bestiaux, armes, canons, chariots, argent, conseil, plan de campagne, elle fournit tout (1). D'un autre côté, des Français, exilés de leur pays par la crainte ou par la vanité, s'associèrent dans l'inquiétude de l'exil à une révolte qu'ils crurent de plus en plus utile à leur parti, parce qu'elle privoit la France en révolution de ses richesses au-delà des mers; ils disoient aux esclaves que le roi d'une bontéaccomplie, essuyoit de graves outrages dans sa personne et dans sa puissance, pour leur avoir accordé, avec une pitié digne de la pourpre, trois jours de repos dans la semaine, et comme les esclaves étoient encore secrètement appuyés par la plupart de ceux qui les avoient portés à la révolte, ils s'affermirent dans leur conquête.

Les maîtres, après toutes ces défaites, n'en devinrent que plus cruels. Si l'histoire ne devoit pas instruire la postérité des malheurs du genre humain, il faudroit détourner les yeux

(1) Lettre de Rouvrai du 8 juin 1792. Malenfant, pag. 7.

du spectacle de tant de cruautés. Tout n'est que ruines, camp, supplices et morts. Les vainqueurs et les vaincus s'honorent du titre d'incendiaires et de bourreaux, on ne voit ni clémence ni pitié chez les maîtres ; sans avoir autant de hasard que dans le principe de l'insurrection, la vengeance devient une combinaison froide et étudiée. Une mort trop prompte ou sans outrage n'est plus pour eux qu'une demi-vengeance, ils s'envoyent en présent des têtes livides et sanglantes avec des lettres sur le caractère du mort, et adressent celles des chefs aux assemblées qui sans honte récompensent ce genre d'assassinat, pour lequel on vit même décerner des couronnes, le crime se parant ainsi du diadême de la vertu. C'étoit avec une espèce de joie qu'on versoit le sang des envoyés pour la paix, dont le nom seul irritoit des ames brûlantes de vengeance. Le long des routes et autour de chaque camp étoient au bout des piques des têtes sanglantes rangées avec ordre : ornement funèbre, lamentable, seul propre à la servitude (1).

A mesure que les conjurés devinrent nombreux et puissans, leur sanglante fureur se cal-

(1) Garran, pag. 334, t. 2.

ma. Comme ils avoient connu le malheur, ils ne furent pas, comme les colons, constamment étrangers à la pitié ; dans plusieurs de leurs camps on respectoit les prisonniers, et dans d'autres ils n'étoient égorgés par quelque chefs inhumains, que pour venger la multitude de ceux que les colons faisoient périr chaque jour dans divers supplices. Souvent l'esclave bornoit sa vengeance à se faire traîner dans des équipages, imitant avec une dérision amère le langage, le ton et les manières du maître dont il faisoit à son tour son esclave, lui demandant alors si son intelligence n'étoit pas égale à la sienne. Quand on sonde la perversité du cœur humain, on est étonné de trouver, avec les graces et la douceur des femmes, tant d'espèces de raffinement dans la haine, ce sont elles qui abusoient étrangement de la servitude. Soins humilians, dédains cruels, turbulens caprices, menaces dures, punition impudique, basse rivalité, tout ce qui rendoit en un mot leur domination intolérable étoit grossièrement copié par des femmes d'esclaves, et employé envers leurs maîtresses à satisfaire des vengeances de ce genre faisoient leurs délices.

Cependant amis ou ennemis, maîtres ou esclaves, tous frémissoient alors au récit des cruautés d'un chef nommé Jeannot qui commandoit les conjurés de l'Est. On voyoit sur les traits hideux de son visage une cruauté basse et ignoble ; son regard étinceloit de férocité, et sa démarche chancelante marquoit de l'effroi. Il tiroit, dit-on, son origine du pays des Mondongues qui se nourrissent de chair humaine, il recherchoit avec une curiosité singulière tout ce qu'il y avoit de plus raffiné dans les supplices qu'il régloit à l'heure, il en inventa qui réunissoient tous les genres de tourment. Souvent il réalisoit à son réveil des songes sanglans, dormant et veillant pour le crime : il ménageoit le supplice, comme l'on ménage le plaisir. Le sang étoit sa plus douce volupté ; chaque jour il vouloit jouir, chaque jour il lui falloit des victimes. On rapporte qu'en des festins où il rassembloit ses complices, son horrible soif s'étanchoit de sang humain. Dans son extraordinaire férocité, il dédaignoit le viol de ses captives et aimoit mieux, pour en jouir à sa manière, les déchirer dans d'impudiques tourmens. Faisant passer ses victimes d'un supplice à l'autre, selon son humeur, c'étoit sa coutume de les suspendre ensuite à des crochets, et de les contempler avec un sourire affreux. Cet esclave étoit lâche, parce qu'il étoit cruel. Son visage se décomposoit

décomposoit dans le danger qu'il recherchoit par une fausse valeur et évitoit par une fuite honteuse (1).

On vit alors une vertu rare et touchante de piété filiale. Quatre enfans, bravant une cruelle mort, vinrent s'adresser au cœur farouche de cet esclave pour sauver leur père nommé Paradole, paisible vieillard au milieu de la guerre, qu'il avoit arraché de son habitation. « Je t'offre » ma vie, dit ce vieillard se traînant vers lui, » pour la vie de mes enfans ; apaise ta vengean- » ce pour ceux qui aiment leur père, contente- » toi d'une victime ; je meurs satisfait ». Ce langage dicté par une tendresse passionnée ne fit que l'irriter ; et tournant çà et là son regard plein d'une vengeance lente et sûre, il répondit que sans écouter aucune vertu, il chérissoit des crimes qui faisoient sa liberté, et par une cruelle finesse qui découvre l'immense perversité du cœur humain, il rendit le père témoin de la mort de ses enfans, dans le sein desquels il enfonça froidement un couteau, et ensuite versa le sang du vieillard (2).

Malgré l'implacable inimitié du maître et de l'esclave, Jean-François ne veut point qu'un

(1) Garran, p. 268, t. 2.

(2) Dalmas.

pareil monstre déshonore la cause de la liberté, il déploye un caractère magnanime en prenant la résolution de le punir. Jeannot se révolta, il le vainquit : l'ayant aussitôt livré à un tribunal de soldats, on y jugea ses crimes avec autant de rigueur que s'il les eût commis envers les siens, et non pas envers des ennemis qui remplissoient leur ville et leurs camps de supplices. Il fut condamné à mort, malgré ses bassesses auprès des juges, et après sa condamnation il demanda sa grace avec une vile lâcheté ; voyant l'appareil d'un supplice qui l'auroit réjoui s'il eût été pour un autre, il frissonna ; ensuite il serra si étroitement son confesseur, qu'il fallut de la violence pour le fusiller (1). Jean-François ne voulut point que la punition dépassât la limite de sa vie. Il ordonna qu'on l'ensevelît religieusement et avec les honneurs dûs à son rang. Des colons ont vu le tombeau qu'on lui éleva, et un arbre au bourg du Dondon garni d'anneaux de fer où il accrochoit ses victimes (2).

Les esclaves ayant l'appui de l'Espagne s'affermissoient de plus en plus dans leurs conquêtes. Il falloit leur opposer de plus grandes forces, ou leur abandonner la colonie. Comme la ville

(1) Garran, t. 2, p. 260.

(2) Histoire des désastres de S.-Domingue, p. 259.

étoit pleine des réfugiés de la campagne, et que la plupart des affranchis, plus intéressés à détruire l'insurrection qu'à contenter leur inimitié envers les maîtres, consentirent à s'enrôler ; le gouverneur fit une nouvelle levée de deux mille hommes, et forma pour la première fois le dessein d'attaquer les insurgés dans le même temps en divers endroits. Touzard devoit se rendre avec six cents hommes au Port-Margot ; le chef de la garde nationale, Cambefort, marcher deux jours après sur l'Acul avec une force égale ; et Casa-Major, commandant du Port-de-Paix, se porter vers Plaisance : ce qui fut ainsi exécuté sans retard. Après avoir suivi la côte par mer, et traversé la baie de l'Acul, Touzard débarqua au Port-Margot, où il encloua vingt canons placés pour la sûreté de la rade, dans la crainte que les esclaves n'en fissent usage, et partagea sa troupe en deux corps, dont l'un passa du côté de l'habitation Bayon de Libertat, et l'autre par la coupe du Port-Margot, pour se réunir au Limbé.

Les esclaves avoient des camps sur les habitations Chabanon, La Chevalerie, Bullet, Duplat, La Charité, Denard, Dagoust, Galiffet, et occupoient ainsi une vaste étendue de pays jusqu'aux portes de la ville. Touzard les mit de tous côtés en fuite. Jamais expédition ne fut plus rapide : un camp défait communiquoit l'épouvante à un autre camp intact et plein d'espérance ; la crainte leur présentoit en chaque lieu des périls, et leur salut étoit leur unique pensée. Ne sachant comment diminuer la honte de tant de rapides défaites, ils firent expirer sur un bûcher le nègre Paul, qu'ils accusèrent d'avoir fait usage de cartouches sans balle, et crurent par ce genre de punition faire renaître dans leurs ames cet intrépide courage donné par la liberté, et que la liberté devoit ranimer.

Après avoir occupé le Bas-Limbé, Touzard se dispose à chasser les esclaves du camp Alquier. Ce camp, placé au milieu de quatre chemins de la plaine du Limbé couronnée par des montagnes, étoit entouré de larges et profonds fossés, d'arbres d'une prodigieuse grosseur couchés et entassés. Au dessus de cette double ligne de fortifications étoient pointés des canons sur l'avenue des quatre chemins, le long desquels on voyoit des cadavres de colons suspendus aux arbres. Pour surprendre le camp de nuit, Touzard mit dans sa marche autant de secret et de vitesse qu'il en falloit ; mais les esclaves d'une vigilance sans égale dans la guerre, ayant fait avorter ce dessein, l'attendoient dans leur formidable retranchement. Il n'hésita point à livrer l'attaque avec une troupe victorieuse, et dont le sang étoit enflammé par une marche nocturne : il y eut de deux côtés un acharnement pareil ; car les uns avoient pour eux la victoire qu'ils ne vouloient pas ternir par une défaite ; les autres brûloient de venger avec éclat des défaites humiliantes. L'attaque fut longue, douteuse, pleine de péril ; sans cesse l'artillerie vomissoit la mort sur le bord des fossés. Quiconque étoit assez heureux pour les franchir, la trouvoit parmi les branches des arbres, qui étoient comme autant de filets où le soldat s'embarrassoit avec ses armes, ne pouvant avancer ni reculer. On s'aperçut que les esclaves n'avoient pas eu la précaution de placer des canons vers les angles des chemins. Cette faute les perdit ; et leur valeur succomba sous le bonheur des attaquans. Ce fut par-là qu'on pénétra dans les fortifications ; alors même que rien ne trompoit leurs espérances, leur fuite fut pleine d'effroi, de désordre et de carnage : cent soixante furent taillés en pièces, au milieu des retranchemens qui leur promettoient la victoire.

Touzard ayant été informé par ses espions qu'il y avoit dans l'église du Limbé quatre-vingt femmes de colons avec des enfans, exposées à la farouche brutalité des esclaves; dans la crainte qu'on ne les massacrât, il donna pendant l'attaque des ordres pour les délivrer; des cavaliers doublèrent aussitôt les retranchemens, et pénétrèrent jusqu'à l'église où des esclaves, le fer à la main, accouroient pour les immoler. Ceux-ci, remplis tout-à-coup d'épouvante, retournèrent sur leurs pas, désolés de perdre une vengeance qui auroit rendu leur défaite moins amère. Quel tableau touchant n'offrit pas alors l'humanité? parmi ces femmes, les unes restoient immobiles entre le désespoir et la joie, les autres levoient au ciel des yeux où des larmes se mêloient au sang, et les laissoient tomber fixes sur leurs libérateurs; d'autres, accablées sous le poids d'une infortune qui paralysoit leur cœur et leur raison, avoient une contenance stupide; d'autres montroient sur leurs visages les traits de la mort, plus horrible quand elle vient de l'ame. Aucune ne pouvoit parler ni pleurer : pâles, flétries, à moitié nues, on voyoit sur leurs attraits et leurs vêtemens en désordre, les traces dégoûtantes des voluptés des esclaves.

Un moine nommé Philémon, curé du Limbé, sans crainte de se souiller de sacrilége, s'employoit à leur prostitution dans l'église où il célébroit le culte divin. Il n'est aucun genre d'outrage que n'essuyât la chasteté de ces captives, la plupart femmes de mœurs et de piété. En vain les unes embrassoient les autels, en vain les autres se faisoient un rempart de leurs foibles enfans, tournant sur eux des yeux pleins de tendresse, ensuite de courroux sur leurs esclaves; elles furent victimes de cruelles et infâmes jouissances, variées par des paroles, des danses, des chants et d'une profanation d'autant plus grande, que rien de sacré ni d'humain n'étoit respecté dans leur captivité. Les négresses virent avec haine des rivales qu'elles jugeoient dangereuses à leurs feux, et leur firent éprouver des indignités de toute espèce sans adoucir leur infortune.

Je sais d'un vieillard, que deux de ces captives d'une beauté accomplie avoient été transportées sur un mont escarpé par un chef des esclaves qui en étoit éperdûment épris; que des soldats envoyés pour les délivrer les trouvèrent dans cet âpre et sauvage asyle plus propre à sa passion, vêtues avec assez d'élégance sous une cabane couverte en cannes à sucre. L'une, femme d'un colon appellé Lafleur, avoit les attraits et les graces de la jeunesse dans un âge où ces avantages commencent à passer. Son corps avec une grace infinie etoit formé par des exercices agréables, et son esprit orné de choses qu'il est permis à une femme honnête de savoir. L'autre, N.... possédoit ces charmes qui font un mélange heureux de l'enfance et de la raison, et avoit reçu dans un couvent de religieuses en France des principes de morale qui tempéroient des feux dangereux qu'allumoit sa beauté.

Tout paroissoit devenir contraire aux conjurés. Cambefort, officier d'un esprit fin et d'une bravoure ornée d'amabilité, les poursuivoit dans l'Acul; il eut dans le Fond-Bleue une affaire sanglante avec Bouxmans, qui avoit semé de crimes les premiers pas de la liberté. Comme il commandoit à une multitude d'esclaves, Cambefort alloit être réduit à une fuite cruelle, sans une pièce d'artillerie qui vint le secourir, et releva le courage abattu de sa troupe, qui mit d'autant plus de cruauté dans la victoire qu'elle avoit été balancée par une défaite. Sans faire aucun quartier aux vaincus, elle les investit et les brûla dans des cannes à sucre. C'étoit pitoyable de voir ces malheureux à moitié brûlés sortir des flammes, pour expirer sous le fer. Ils ne firent rien d'indigne de la valeur dans cette extrémité. Ce fut le plus petit nombre qui sollicita la pitié du vainqueur. Les autres combattirent jusqu'au dernier soupir, et leurs regards irrités restèrent, après leur mort, tournés contre leurs maîtres. On rapporte que Bouxmans, ce chef dont l'amour pour la liberté étoit une déplorable fureur, avant de jouir de cette liberté perdit la vie dans ce combat meurtrier. D'autres racontent avec moins de probabilité qu'il expira dans les supplices (1).

Lorsque ces nouvelles se répandirent dans la ville, chacun s'en réjouit plus ou moins, selon le genre de son infortune. Cette joie s'accrut quand on apprit que le commandant du Port-de-Paix avoit défait les insurgés au camp Lecoq, au pied des mornes de Plaisance, et redoubla quand on vit rentrer un grand nombre de captives qui embrassoient leurs mères, leurs frères, leurs époux allés à leur rencontre. Ces captives turent les outrages qu'elles avoient essuyés avec toute la dissimulation que les femmes ont coutume d'employer dans les affaires du cœur. Vaine précaution, car tout devint public devant le conseil de justice, tribunal qui condamna Philémon à mort. Chacune fut un objet de

(1) Sa tête fut exposée sur la place d'armes du Cap, avec un écriteau portant : Tête de Bouxmans, chef des révoltés : elle avoit une expression horrible de férocité, marquée sur-tout par des yeux ouverts et étincelans.

fable et de curiosité, sans que les traits de la malignité fussent émoussés par le malheur. Ce moine fut exécuté sous les yeux de la ville et des prisonnières qu'il avoit prostituées avec sacrilége. Trop de scrupule dans la pudeur, ou trop de fierté dans l'ame ulcéra tellement la pudicité des plus délicates, qu'elles ne surent y survivre (1); et se croyant indignes de la vie, elles expirèrent ne tenant aucun compte de la violence et du hasard qui n'avoient pu souiller leur cœur.

Les maîtres crurent l'insurrection réduite à l'impuissance, et ils relevèrent autour de la ville leurs habitations embrasées, où des esclaves, abandonnant dans les revers la liberté, étoient revenus pour rentrer dans la servitude. Ils se réjouissoient de voir un terme à leur infortune, alors même que les conjurés, dont la fuite déguisoit une prochaine conquête, méditoient de nouvelles calamités sur des montagnes inaccessibles, mortelles pour d'autres troupes, et en avant desquelles ils établirent un camp à la Grande Rivière : ils s'y défendirent avec un courage retrempé dans l'adversité, enflammé par le souvenir de leurs furieuses et sanglantes conquêtes, et fortifié par l'aspérité des lieux.

Alors la fortune repassa du côté des esclaves :

(1) Dalmas.

les colons ne supportèrent plus qu'avec douleur une guerre qui se prolongeoit, sous un climat qui ne cessoit de brûler que pour communiquer une humidité mortelle. Pendant le vent d'ouest qui règne des mois entiers, le colon, dévoré d'un feu concentré, languissoit dans son camp, avec l'ame affaisée, l'esprit éteint et le courage perdu. La garde nationale de la ville, campée sur l'habitation Galiffet, s'empoisonna, faisant usage de l'eau d'un puits où les esclaves avoient jeté des ustensiles de cuivre; ce qui causa une mortalité d'autant plus alarmante qu'on ne savoit point d'où venoit le mal. On n'apporta plus la même sévérité dans la discipline. Chaque soldat quittoit son poste et s'écartoit à droite et à gauche pour piller. Les riches eurent la lâcheté d'abandonner leur camp pour se renfermer dans la ville; ce fut alors que pour continuer la guerre les pauvres demandèrent les deux tiers du pillage, proposition d'abord rejetée avec indignation, et ensuite accordée. On brûla même le reste des habitations sous le prétexte de ne pas laisser d'asyle à l'ennemi.

Sans doute il ne fut pas difficile aux esclaves, dont rien ne ralentissoit l'énergie et l'activité dans une guerre plus douce que leur servitude, de vaincre une troupe languissante, effrayée d'un poison mortel et ignoré, avide de pillage et entièrement désorganisée ; ils inondèrent de nouveau la campagne. Jean-François reparut comme un vainqueur. Par-tout où il passoit, sa troupe se grossissoit des esclaves qui se repentoient d'avoir abandonné la cause de la liberté ; il leur adressoit des reproches, mais il réveilloit dans leurs ames une ardeur nouvelle. Précipitant alors sa conquête, il trouve sans défense le morne Bekli, s'approche de la ville qu'il remplit d'épouvante. La consternation y fut si grande, qu'aucun habitant ne reprit les armes après les avoir déposées ; et la sagesse des plus braves capitaines fut sans empire sur un peuple qui s'abandonnoit à son destin. Tout se réduisit à des plaintes stériles au dedans et au dehors de l'assemblée. Dans cette extrémité, la ville fut obligée d'employer à sa défense les matelots de la marine marchande, pour ne pas devenir la proie d'un esclave, en attendant l'arrivée de quelque troupe de la métropole qu'on annonçoit.

Ce fut en ce temps qu'on apprit que la France, par une loi du 24 septembre 1791, avoit retracté l'égalité politique qu'elle s'étoit trop hâtée d'accorder aux affranchis, ou gens de couleur (1), nés de père et mère libres : égalité

(1) J'emploie indistinctement ces deux expressions pour désigner la classe des hommes affranchis, soit par

qu'elle soumit à la décision de l'assemblée coloniale qui les persécutoit avec perfidie. Leur douleur en fut si amère, que les uns vouloient se jeter dans la révolte des esclaves, malgré qu'ils eussent tout perdu dans l'insurrection; les autres disoient qu'ils seroient insensés de se battre pour des colons qui, après leur avoir donné la vie, et s'être unis à eux par des mariages, les repoussoient avec dédain de la liberté. « Où trouver ailleurs une patrie, s'écrioient » la plupart d'entre eux les larmes aux yeux, » l'esclave en retrouve une dans la vaste Afri» que, le maître dans les trois autres parties » du monde, et nous enfans de cette terre, » espèce nouvelle d'hommes, nulle part ». Tout rendoit néanmoins leur amitié nécessaire: la ville à la veille de périr, le passage des Gonaives menacé et par suite l'Ouest couvert de flammes, baigné de sang, et les mers chargées d'exilés. Combien de fois n'avoient-ils pas fait tomber des mains de l'esclave le fer et la torche incendiaire, quand il avoit tenté de les porter dans les paroisses autour du Fort-Dauphin.

leur naissance, soit par la volonté du maître, n'importe les nuances qui les caractérisoient entre le noir et le blanc.

En cette conjoncture délicate, l'assemblée consulta les chefs de l'armée et tout ce qu'il y avoit d'esprits sages et éclairés. Ce qu'on dit de raisonnable parmi des railleries affligeantes, fut que, si l'on accordoit l'égalité politique aux gens de couleur, l'esclave la voudroit à son tour; qu'un premier pas vers la liberté en entraîneroit un second, et que bientôt il n'y auroit plus d'esclavage, à cause de cet amour invincible concentré dans chaque cœur pour la liberté; et que sans l'esclavage, l'Océan ne se couvriroit plus de ces richesses, sources inépuisables de prosperité. Le marquis de Rouvrai exprima des vérités avec cette rudesse qu'on contracte dans les camps, il soutint que sans les gens de couleur, on ne pourroit vaincre les esclaves, parce que le climat donneroit la mort aux troupes qu'on attendoit de la métropole. A ces mots, ayant été interrompu par de turbulentes exclamations, il continua de cette sorte: « Combien sont imposantes les leçons de l'expérience? mais combien les hommes les écoutent peu. Ah! je crains fort que vos ris de pitié ne se changent en larmes de sang. Sachez qu'en 1750 l'Angleterre envoya dix-huit mille hommes au siège de la Havane; six mois à peine s'écoulèrent, un climat mortel

» les avoit dévorés, et dix-huit cents seulement
» leur survécurent. Si donc en de semblables
» événemens le passé nous apprend l'avenir,
» cette terre deviendra le tombeau des soldats
» de la mère-patrie, l'esclave fondant sa liberté
» sur leur cercueil s'en réjouira. Sans les gens
» de couleur, votre perte n'est que trop cer-
» taine, parce que eux seuls ont la force,
» l'agilité, le courage et les autres vertus pro-
» pres à cette guerre. Ainsi la nécessité vous
» fait une loi d'en faire des égaux plutôt que
» des ennemis, de les faire asseoir à vos festins,
» siéger dans vos assemblées. S'ils combattent
» pour une patrie commune, rien n'égalera
» leur valeur. Autrement ils tourneront cette
» même valeur contre vous, et après avoir teint
» leurs armes du sang de l'esclave, ils les tein-
» dront du vôtre, et vos combats seront pleins
» de parricides ».

Touzard, qui portoit un esprit lumineux dans le conseil, dit : « que cette guerre n'étoit com-
» parable à nulle autre, ni pour les périls et la
» gloire, ni pour les succès et les revers ; que
» pour vaincre les esclaves qui combattent en
» fuyant, il ne falloit leur laisser d'asyle en
» aucun lieu ; que les gens de couleur étoient
» la seule troupe capable d'aller à leur poursui-

» te dans les gorges profondes et tortueuses des » triples mornes, et sur des rochers escarpés » nus et brûlans ; qu'ils n'avoient besoin ni de » soins délicats, ni de tentes, ni de magasins, » bravant comme l'esclave les feux du ciel et » comme lui vivant de peu ; qu'il ne falloit pas » choisir pour ennemis des hommes aussi pré- » cieux, dans un pays où l'on avoit à se défen- » dre contre six cent mille esclaves, quand on » étoit maître de les avoir pour amis en leur » accordant l'égalité politique ».

L'assemblée rejeta ces sages opinions, et charmée en quelque sorte d'avoir un prétexte pour contenter une haine mal étouffée, n'en mit que plus d'animosité à humilier des gens armés pour elle. Comme ils lui demandoient, sans se soucier d'autre récompense, une égalité qui leur étoit devenue plus chère par de sanglantes persécutions, elle décréta qu'elle ne s'en occuperoit qu'après avoir mis fin à la révolte des esclaves, et publia dans une proclamation que des nations étrangères alliées ou amies réclamoient avec la France qu'on punît dans leur révolte un mal contagieux ; et montrant de quel degré de prospérité étoit tombé S.-Domingue, comme s'ils eussent été seuls auteurs des calamités présentes, elle leur fit espérer sa clémence

avec

avec une amertume si pleine de ressentiment et de fierté, que cela ne fit qu'aigrir leur indignation, et mettre de plus en plus le feu dans les esprits, sans promettre un avenir moins sanglant.

Un autre événement vint occuper les passions. Le gouverneur avoit fait demander à la Martinique un vaisseau de guerre de 74, un brick et une frégate qui mouillèrent le 16 novembre au Cap : des officiers de ces navires déjeunant le lendemain de leur arrivée dans une hôtellerie, plaignirent par esprit de parti le destin du roi de France, dont ils virent par hasard un portrait, et approuvèrent l'insurrection qui avoit le drapeau blanc pour étendard. Une querelle s'étant élevée à ce sujet entre ces officiers de mer et des officiers de la ville, et ayant occasionné un grand tumulte, l'assemblée ordonna que ces bâtimens mettroient sur-le-champ à la voile. Le gouverneur, qui n'avoit jamais eu plus besoin de force contre les insurgés, et qui marquoit de l'estime pour le capitaine, nommé Girardin, homme dont la prudence égaloit l'énergie, résistoit ouvertement à l'assemblée. Lorsque la multitude vit dans les rues treize de ces officiers, folle d'une liberté qu'elle ne vouloit ni pour les esclaves, ni pour les affranchis, elle les accusa par toute sorte d'outrages d'être ennemis de la patrie; et les poursuivit jusque dans le sein de l'assemblée, sur la porte de laquelle un homme du peuple, agitant un poignard, demanda par une expression horrible qu'on tranchât leurs têtes. Ces officiers alloient être victimes, sans l'assemblée qui les fit entourer de gardes et mettre dans un lieu de sûreté.

Soit irrésolution de vieillard, soit crainte de la multitude, le gouverneur ordonna que ces navires quitteroient le port ; mais cet ordre n'ayant point été suivi dans la fermentation des esprits, le capitaine informa l'assemblée qu'il avoit fait son devoir, puni l'officier, auteur du trouble, et que sa conduite à la Martinique étoit la preuve d'un amour véritable pour la patrie. On vit alors des matelots s'échapper en foule de leurs vaisseaux pour dénoncer la plupart de leurs officiers qu'ils accusèrent d'être du parti de la royauté. On n'avoit écouté qu'avec peine le capitaine, et les dénonciateurs furent entendus avec le calme du ressentiment et l'attention de la malignité. L'assemblée distribua le blâme et la louange suivant l'humeur de la multitude, et chercha néanmoins à gagner par des adulations les gens de cette petite flotte; et quoiqu'elle eût d'abord décidé qu'ils s'éloigneroient, elle révoqua, sans crainte de manquer de fermeté, une décision qu'elle ne jugea plus nécessaire à la sûreté de la ville, dont elle confia particulièrement le soin au capitaine et au gouverneur (1).

Tout parut rentrer dans le calme, lorsqu'une insubordination plus opiniâtre éclata sur ces navires. Mécontens de ce que leurs plaintes de la veille étoient restées sans effet, les matelots emprisonnèrent dans la chambre du vaisseau les officiers qu'ils avoient dénoncés, et violèrent toutes les régles de la discipline, en disant qu'on les avoit réduits à la nécessité de se faire justice. Rien ne put les apaiser, ni le capitaine qu'ils aimoient, ni les députés que leur envoya l'assemblée. Il ne resta d'autre parti que de retirer successivement les plus mutins des vaisseaux, au nombre de 50 à la fois, de deux heures en deux heures ; et à mesure qu'ils arrivoient à terre, on leur proposoit de s'embarquer pour la France ou de prendre les armes contre les insurgés, à moins qu'ils ne préférassent rentrer dans le devoir. La plupart furent charmés d'avoir l'occasion de retourner en France, peu rentrèrent dans le devoir et aucun ne s'enrôla. Les officiers

(1) Histoire des désastres de Saint-Domingue, p. 207 et 208.

qui avoient fomenté cette sédition furent bannis : ils débarquèrent à la Jamaïque, où pour marquer dans l'exil leur haine, ils empêchèrent un emprunt que l'assemblée y faisoit négocier. Ces vaisseaux, appelés pour secourir la ville, l'auroient inévitablement perdue, si la sédition eût communiqué par quelque endroit à la révolte des esclaves maîtres de la campagne, danger que l'on ne sentit qu'après la joie d'y avoir échappé par un hasard heureux.

La France se remplissoit alors de récits effroyables sur la révolte des esclaves, entraînée par un amour nouveau pour la liberté qui naissoit dans de tumultueuses factions, car les familles les plus illustres s'étoient exilées : elle ne fit qu'y jeter un regard triste et impuissant. Les uns louoient pourtant la vengeance des esclaves dans son atrocité, les autres déploroient la ruine d'un opulent commerce. On versa peu de larmes sur l'infortune cruelle des maîtres qui chaque jour, abandonnant un pays baigné de leur sang, et couvert des ruines de leurs habitations, chargeoient la terre de l'hospitalité d'imprécations contre une révolte allumée par la mère-patrie ; traînant de mer en mer et en des régions différentes leur misère avec le souvenir de leur opulence. L'assemblée nationale, dans le sein de laquelle s'agitoient les trois partis du maître, de l'esclave et de l'affranchi, toujours incertaine sur ce qu'elle devoit faire, avoit nommé délégués à Saint-Domingue, Roume, Mirbeck et Saint-Leger, et envoyé trois mille hommes qui furent d'un foible secours, étant arrivés séparément, après avoir été dispersés par la tempête.

Roume possédoit une ame froide qui lui donnoit un coup-d'œil juste en toute chose, et une patience constante dans l'adversité : il tempéroit l'emportement du caractère de Mirbeck, qui ne savoit dissimuler sa franchise par aucun artifice politique. St.-Leger avoit un génie doux, élevé et bienfaisant, capable de tout braver pour calmer une guerre inhumaine. Après avoir été reçus le 22 novembre, sur le rivage de la mer, par les membres de l'assemblée coloniale, couverts d'un crêpe noir, et ceux de l'assemblée de la province, couverts d'un crêpe rouge, signes de deuil et de sang ; ils ne furent pas peu surpris, comme ils ignoroient l'insurrection des esclaves, de voir sur les places publiques cinq potences, avec deux échafauds pour le supplice de la roue, la ville pleine de maîtres épouvantés et cruels, la campagne occupée et désolée par les esclaves, par-tout des ruines, avec des cadavres infects et sans sépulture, ignobles férocités, mais marques d'une inimitié profonde; des affranchis entre la haine du maître et celle de l'esclave, aucun droit ni dans la paix ni dans la guerre.

Pour calmer tant de maux et apaiser des haines invétérées, les délégués, vers lesquels chacun tournoit ses espérances, proclamèrent pour les hommes libres une amnistie; elle satisfit ceux qui craignoient des punitions, et mécontenta ceux qui se plaignoient d'avoir été offensés. Jean-François, charmé de l'arrivée des délégués et de cette amnistie, en témoigna sa joie par une fête qu'il s'empressa de donner à son armée, dans son camp à la Grande Rivière. Toussaint, qui dans le conseil avoit à la fois la prudence d'un vieillard, et cette difficile prévoyance de l'avenir, dit: « qu'il y avoit assez » de sang répandu, assez de combats, assez » de ruines, assez de calamités de tout genre; » qu'ils touchoient enfin à cette liberté, objet » de leurs vœux les plus chers, achetée par tant » de périls et de travaux, que le Tout-Puissant » protégeoit une si belle et si sainte cause; » puisqu'alors même qu'ils combattoient pour » elle, la mère-patrie, en proclamant la liberté » de l'homme, avoit proclamé la leur, et que

» pour ne pas continuer une guerre inutile, » il falloit députer pour la paix; que si leurs » maîtres étoient assez injustes pour ne pas la » vouloir, ils prendroient alors le ciel à témoin » de leur coupable injustice, mais qu'ils au- » roient encore une longue suite de revers, » de longues fatigues et des périls de tout genre » à supporter, avant de jouir paisiblement du » bienfait de la liberté ». Toute l'armée ayant applaudi à ce discours, on le nomma pour député avec deux autres, appelés Raynal et Duplessis. Les délégués de France accueillirent avec bonté ces envoyés; mais l'assemblée, gravement offensée que des esclaves osassent parler de paix, leur témoigna son extrême indignation par cette réponse : « Emissaires des » nègres en révolte, l'assemblée qui n'existe » que par la loi ne peut correspondre avec des » gens armés contre la loi, elle eût pu faire » grace au repentir : retirez-vous. » (1)

Les envoyés ayant reporté cette réponse à leur camp, les esclaves éclatèrent en toute sorte de reproches, dans la conscience de leur force éprouvée par des revers et des succès. Ceux-là disoient qu'il falloit finir par exterminer des

(1) Garran, p. 313, t. 2.

maîtres que la dureté rendoit sourds à la raison, aveugles sur leur sûreté, et opposés à leurs intérêts. Ceux-ci, qu'ils devoient s'ensevelir sous des ruines, plutôt que de rentrer dans un esclavage dont on redoubleroit les chaînes en souvenir de leur révolte. Biassou, dans sa colère impétueuse, vouloit faire rejaillir le sang de ses prisonniers sur la tyrannie de l'assemblée. Déjà il avoit donné des ordres pour qu'on les amenât dans son camp, et il se disposoit à leur trancher la tête, lorsque Toussaint, dont l'humanité rendoit plus recommandable le génie, loua d'abord sa vengeance et ensuite l'apaisa (1).

Les délégués, désolés de tout ce qui se passoit, n'en gagnèrent pas moins la confiance des esclaves, de manière qu'ils eurent une entrevue sur l'habitation Saint-Michel avec Jean-François. L'assemblée y envoya une députation sans l'avouer, afin de brouiller la négociation qu'elle regardoit comme illégale. C'est avec l'assurance et la dignité qui conviennent à un chef que Jean-François s'y présente; ce n'est plus un esclave, il commande à cent mille hommes armés pour leur liberté, et il va traiter de la paix. Un colon, nommé Bullet, oublie sa

(1) Garran, p. 313, t. 2.

condition présente, et ne voit en lui qu'un esclave, qu'il frappe par mépris d'un coup de fouet en portant la main à la bride de son cheval (1). Indigné d'une offense propre à des barbares, ce chef se retire précipitamment au milieu des siens; mais pour ne pas perdre le fruit de cette négociation, Saint-Leger, seul et sans armes, se présente devant le camp ennemi, et regagne la confiance de Jean-François qui s'apaise, méprise l'outrage, et revient sur ses pas. Dans l'excès de son attendrissement, il ne crut point au dessous de sa dignité de se jeter aux pieds des délégués du peuple français (2).

Après avoir excusé l'insurrection par les rigueurs d'une servitude déplorable, Jean-François raconta comment il avoit puni la cruauté de Jeannot, et offrit de déposer les armes si l'on assuroit aux siens un avenir plus doux. Les délégués, avant de s'entendre sur aucun point, demandèrent la restitution des prisonniers. Il n'y mit d'autre condition que la réciprocité, et sur-tout la délivrance de sa chère femme qu'on avoit condamnée à mort. La bonne foi qu'il eut dans cette négociation fut si admirable, qu'il rendit le lendemain 17 prisonniers, 4 deux jours plus

(1) Garran, p. 314, t. 2.

(2) Rapport des délégués.

tard, et ordonna de renvoyer successivement les autres dispersés en divers camps. On ne sait pas si sa femme lui fut rendue, mais on ne lui restitua point de prisonniers ; ainsi, la négociation de la paix commença par une perfidie. Biassou devoit avoir une semblable entrevue avec les délégués ; mais dans la crainte de quelque piége, il y mit d'abord du retard, et ensuite exigea pour sa sûreté des ôtages pris parmi les principaux officiers de l'armée ; ce qu'on lui refusa. Des colons firent alors répandre le bruit dans les camps des esclaves, que les délégués cherchoient à faire une paix simulée pour les exterminer ; on ne cessa point les hostilités.

L'assemblée, qui croyoit tout perdu si l'on traitoit avec l'esclave, tantôt différa par une politique lente, tantôt repoussa ouvertement une paix que commandoit le danger. Lorsque les délégués voulurent éteindre l'insurrection par la clémence, elle s'indigna d'un pardon qui blessa trop sa haine ; elle proclama pour maxime que l'esclave étoit une propriété inviolable, que le pardon n'appartenoit qu'au maître ; et que d'ailleurs on ne pouvoit traiter avec la révolte. Constante dans sa haine, elle fut inconstante dans ses actions ; après s'être opposée au pardon des esclaves, elle déclara que c'étoit elle qui pardonnoit : pardon qu'elle soumit à la sanction du prince et de l'assemblée nationale. Elle se servit de ces lentes formalités au-delà des mers, pour faire en apparence ce qu'elle ne vouloit pas en réalité (1). Les esclaves, qui la pénétrèrent, crurent plutôt à la constance de sa haine qu'à un retour de bienveillance.

Par suite de son inflexible politique, l'assemblée avoit une double inimitié, qu'elle employoit tour-à-tour contre les affranchis et contre les esclaves, sans que les délégués pussent adoucir l'une plutôt que l'autre. Elle mettoit plus de raffinement et de versatilité dans sa politique envers les affranchis, qu'elle avoit d'abord laissé massacrer dans la ville, caressés ensuite, et qu'elle flétrissoit depuis la loi du 24 septembre. Cette inimitié étoit partagée par l'assemblée de la province, qui donna trop inconsidérément l'ordre de les désarmer, parce qu'ils se désoloient qu'on les replongeât dans une condition indigne de leur raison et de leur valeur. Ceux de la ville, dont l'indignation éclata par plus de violence contre cet ordre injuste, ne souffrirent point qu'on leur enlevât des armes teintes du sang

(1) Garran, p. 322, t. 2.

des insurgés ; mais ce qui fut déplorable, c'est qu'un grand nombre trop irrité passa du côté des esclaves, et grossit la troupe d'un nommé Candy, affranchi d'une étrange férocité au service de l'insurrection. Marchant sous ce chef inhumain, après avoir battu les colons au camp de Rocou, sans crainte de souiller de toute sorte d'atrocités la victoire, ils inondèrent de sang et incendièrent les paroisses autour du Fort-Dauphin, qu'ils avoient si vaillamment défendues.

Alors se renouvelèrent en cet endroit ces scènes tragiques des premiers jours de l'insurrection. Des affranchis impitoyables égorgent ceux avec qui, la veille, ils partageoient la même tente, le même camp, et combattoient pour la même cause (1). De cette union naissent de plus atroces vengeances : l'ami enfonce de préférence le fer dans le sein de son ami. Valeur, tendresse, reconnoissance, hospitalité, tout fut profané par des cruautés sanglantes : le crime ne respecta pas une vertu. La nature frémit quand on songe que ces vainqueurs étoient des enfans du sang des maîtres mêlé à celui des esclaves ; mais une trop malheureuse vengeance remplissoit leurs cœurs, et ne laissa aux colons

(1) Histoire des désastres de S.-Domingue, p. 187.

que la fuite ou la mort. On ne vit aucun de ces beaux dévouemens de la fidélité. Si l'esclave n'avoit pas les armes à la main, on lui demandoit où il alloit, d'où il venoit : quiconque ne versoit pas le sang ou n'allumoit pas des flammes, étoit soupçonné de trahison : nulle pitié dans ce vaste carnage. Point d'amante ou de nourrice ne déroboit à la mort l'objet de sa tendresse ; ce n'étoit par-tout qu'une fureur aveugle, isolée de toute vertu. Un destin trop cruel sembloit n'avoir épargné jusqu'alors ces contrées que pour les réserver à de plus rares malheurs. Ceux qui périssoient par le fer ou le feu n'étoient pas les moins malheureux, car les autres ne survivoient que pour tomber sous la cruauté de Candy, qui leur arrachoit les yeux avec un tire-bouchon rougi dans le feu : dernier degré d'infortune, sans être un dernier malheur.

Quand ce barbare affranchi eût ravagé et baigné de sang la campagne, il s'empara de la petite ville d'Ouanaminthe, dont il désarma les habitans : ce fut alors que les maîtres de cet endroit sentirent la nécessité de traiter à quelque condition que ce fût. Touzard qui s'étoit retiré de l'armée ainsi que Rouvrai, depuis que les affranchis n'en faisoient plus partie, se mêla de cette négociation ; et les délégués, qui n'avoient pu mettre la paix entre le maître et l'esclave, cherchèrent à la mettre entre l'affranchi et le maître. Il falloit unir par l'intérêt des cœurs surchargés de haines mortelles : rapprochement qu'on auroit vainement tenté, si les affranchis n'eussent été suspects à l'armée des esclaves, soit parce qu'ils ne s'étoient jetés dans leur parti que par vengeance ou par nécessité ; soit parce qu'ils les traitoient avec plus de dureté dans la servitude : aussi n'assistoient-ils jamais aux conseils de guerre des esclaves, et rarement étoient-ils initiés dans leurs secrets. L'égalité politique fut la condition principale de ce traité, qu'on appela le traité d'Ouanaminthe. Ce fut à la suite de ce traité que, tournant leurs armes contre les esclaves, ils firent une action digne de l'immortalité. Alors l'Ouest étoit menacé d'une terrible invasion ; sept mille esclaves se disposoient à porter au-delà des monts le fer et le feu ; les affranchis les repoussèrent avec une bravoure plus qu'humaine : n'étant qu'un contre sept, ils les vainquirent à Jaquezy, sans que l'action fût opiniâtre et sanglante (1). La joie et le soin de cette victoire ne les empêchèrent point de secourir les quartiers échappés aux fureurs communes.

(1) Garran, p. 328, t. 2.

Cependant le traité d'Ouanaminthe n'ayant point été ratifié par l'assemblée, les gens de couleur lui envoyèrent des députés, qui ne parlèrent que de la nécessité de l'union. L'assemblée, foulant aux pieds leur valeur qu'elle avoit louée pour de moindres faits, ne voulut pas plus traiter avec eux qu'avec les esclaves. Les délégués de France, voyant le danger de leur inimitié, employèrent, avec ce noble caractère de la vertu qui les distinguoit, les caresses, les prières, la menace, les finesses même de la politique : ils ne purent rien sur des cœurs inflexibles, rongés de haine et fermés à toute réconciliation. Loin de ratifier le traité d'Ouanaminthe, elle aigrit sourdement la multitude contre les délégués, affoiblit leur pouvoir par des outrages, et fit arrêter les envoyés pour la ratification de la paix; et par ces indignités, rejeta les affranchis dans l'insurrection, et replaça dans leur ame une vengeance qui fut signalée par des scènes lamentables.

Ouanaminthe étoit alors gardée par trente affranchis et quatre-vingt dix colons, que commandoit un capitaine, nommé Urvoi. Les affranchis, indignés du refus de ratifier un traité plus utile aux maîtres qu'à eux-mêmes, vengèrent avec perfidie le mépris de leur valeur et l'ingratitude de leurs bienfaits : ils livrèrent la ville aux esclaves qui l'attaquèrent de nuit. Les colons, errans et dispersés dans les rues, ne reconnoissoient plus ni leurs amis, ni leurs ennemis ; la trahison les avoit mêlés : en vain ils se réunissent et essayent de combattre : épouvantés ou trop foibles, ils se retranchent dans l'église pour y défendre leur vie, ou la mettre sous la protection du ciel : une terreur panique les saisit dans la sainteté de ce lieu même : leurs armes, que devoit rendre invincible le désespoir, leur tombent des mains, et ils embrassent en tremblant les autels. Rien n'arrêta la fureur des affranchis, ni la compassion, ni la religion du lieu : ils croyent leur trahison perdue si elle n'est sanglante : soixante colons sont baignés dans leur sang au pied des autels.

Le calme que suivit ce jour affreux offrit d'autres objets à la pitié : des femmes, bravant tout dans une inquiétude extrême, arrivoient à cette église les unes après les autres, d'un pas timide et dans un morne abattement. Celles-ci, succombant sous la véhémence de la tristesse, à la vue de leurs époux ou de leurs frères égorgés, tomboient mourantes. Celles-là, montrant plus de force dans la douleur, comme s'ils avoient été pleins de vie, les couvroient de baisers de

feu

feu au milieu des sanglots et des larmes, sans crainte de se souiller d'un sang livide : quelques-unes répandoient des liqueurs et des parfums, charmant leur désespoir par l'inutile espérance de ranimer une vie éteinte avec horreur et sacrilège. Les funérailles ne furent pas moins déplorables : des gémissemens, des imprécations contre le ciel, des vœux de vengeance ou de mort éclatoient parmi les prières et le deuil. On voyoit alors les flammes qui consumoient les habitations de la plaine de Mirabaroux ; et les incendies servoient à ces funérailles de torches funèbres.

En ce temps le territoire du Port de Paix étoit tour-à-tour ravagé par les affranchis et les esclaves ; ceux-ci faisoient des incursions jusque sous les murs du Cap. Biassou, pour délivrer sa mère detenue à l'hôpital de Bel-Air, traversa de nuit, avec quatre cents hommes, une campagne découverte; passa, pendant la basse marée, la rivière qui coule auprès de l'habitation Galiffet, et s'avança vers le fort Bel-Air qui domine la ville. La garde de l'hôpital ayant jeté le cri d'alarme, les malades furent saisis d'une telle frayeur, que la plupart retrouvèrent des forces pour prendre la fuite. Des rochers escarpés, de profondes ravines dérobèrent la vie des uns au fer de l'esclave ; les autres en plus grand nombre s'enfuirent vers la ville, qu'ils remplirent d'effroi. Enveloppés avec désordre des dépouilles de leur lit, ils ressembloient à des spectres, ils jetoient des cris lugubres et déchirans. Avant le lever du soleil, Biassou ayant tiré sur la ville deux canons qu'il trouva dans un des postes de Bel-Air, on disoit que le Haut du Cap étoit au pouvoir des esclaves et que les tristes destins de la colonie s'accomplissoient : alarme qui se communiquoit par toute sorte de gestes et d'exclamations d'une maison à l'autre et de quartier en quartier : chaque famille étoit, comme en temps de paix, plongée dans la douceur du sommeil. Les rues et les places se remplissoient d'un tumulte qui s'apaisoit, grossissoit tour-à-tour, et rendoit incertains les pas, les paroles, les résolutions de chacun. On pensoit cette fois, comme dans ces momens terribles de l'insurrection, que c'étoit le dernier jour de la plus opulente cité des Antilles, qu'elle alloit engloutir sous ses ruines le reste de tant de familles infortunées. Revenu de ce premier effroi, on courut aux armes ; mais la ville étoit alors sauvée par le rare courage de cinq soldats qui défendirent pied à pied le terrain jusqu'au fort Bel-Air, du haut duquel, avec de l'artillerie, ils foudroyèrent les esclaves. Biassou déplore son audace quand il entend le bruit des armes, et le hennissement des chevaux de la troupe sortie de la ville pour lui couper la retraite; dans son impétueuse colère, il égorge les malades à qui la douleur n'a pas permis de se sauver: il met ensuite tant d'adresse dans sa fuite, qu'il s'échappe des mains de ses ennemis avec quelques-uns de ses plus braves soldats. Le plus grand nombre fut fait prisonnier ou taillé en pièces parmi des pateluviers : on ne sait s'il délivra sa mère dans une action pleine d'héroïsme, de tendresse et d'inhumanité (1).

Cette guerre civile, au mois de janvier 1792, s'apaisa par une union singulière de deux partis, celui de la royauté dans lequel se trouvoient les principaux officiers de l'armée qui conservoient de tendres souvenirs des faveurs de la cour, et celui des affranchis qui vouloient une patrie et l'égalité politique, sans vouloir ni les uns ni les autres la liberté des esclaves. Ainsi ce fut avec eux que s'entendirent Rouvrai qui commandoit alors aux Gonaives, Casa Major au port de Paix, Touzard au Fort-Dauphin, Cambefort au Cap (2); et de cette

(1) Dalmas. Moniteur du 22 mars 1792.

(2) Garran, pag. 52, t. 5 : pag. 340, t. 2.

union naquit un gouvernement militaire qui punit promptement, en imposa aux assemblées d'une politique trop pleine de trouble, comprima le parti de la démocratie, enchaîna la haine des maîtres, contint les esclaves qui, soit lassitude de tout ce qu'ils avoient fait pour la liberté, soit dessein de différer la suite d'une vengeance qui devoit prendre de nouvelles forces dans le repos, ne furent plus si farouches : l'inimitié s'épuisa ; celle des chefs de la révolte fut adoucie par des caresses et des espérances. On les conjuroit tant au nom du parti de la royauté dont l'étendard flottoit dans leur camp, qu'au nom de la liberté pour laquelle ils avoient baigné de sang et couvert de ruines le Nord de Saint-Domingue, de mettre un terme à cette guerre, à la suite de laquelle devoit périr la servitude et régner la liberté.

FIN.

www.ingramcontent.com/pod-product-compliance
Ingram Content Group UK Ltd.
Pitfield, Milton Keynes, MK11 3LW, UK
UKHW020251220726
13923UKWH00002B/897